欧洲如何走出危机

The Financial Crisis: How Europe can Save the World

[比利时]居伊·伏思达（Guy Verhofstadt）◎著
关呈远　陈丽瑜◎译
郁序忠　胡祖桢◎校

新星出版社 NEW STAR PRESS

目　录

第三章　市场与民主的割裂

第四章　政治的无能

第五章　欧洲的时刻

第六章　新的“新政”

第七章　整顿欧洲银行业

第八章　欧洲计划

第九章　欧洲债券市场

第十章　一项战略与欧洲经济社会政府

第十一章　讲真话的时刻

作者自序

当今世界好像对危机完全失去了控制。讣告哀闻如雪片般纷至沓来。更有甚者，似乎没有一个人可以确定，我们所面临的到底是一次长期衰退，还是一次严重得多的大萧条。同样，人们在克服危机的方法上也有分歧：美国和英国希望由政府向家庭的口袋里注入更多的钱以增加购买力，但大多数欧洲国家对此做法满腹狐疑。确切地说，当前的困难局面，是由于美国的个人、企业和政府在过去一段时间里所累积的巨额债务造成的。究竟该以何种方法改变现状，人们的观念一片混乱，恐慌情绪悄然泛滥，失败主义观点不断蔓延。

本书的目的旨在指出，自弃于失败主义是不可能改变颓势的。的确，股市已崩盘狂泄，20 万亿欧元的财富灰飞烟灭，停工关门的企业和日渐衰败的行业数量猛增，消费者和生产者的信心空前低落。形势逐渐表明，这次危机不会在一朝一夕消失，经济复苏之前将有一个长期的休养过程。但尽管如此，我们也不应自认束手无策，回天乏术，难以踏上复苏之路。我们在时局好转之前采取何种态度和执行何种政策，将在经济复苏天平上举足轻重。实际上，我们对事态做出准确的分析和有效的诊断至关重要，提出一针见血的建议和进行深刻彻底的改革已属不可避免。换句话说，我们必须为后代的崭新前途和持续繁荣打下基础。如果我们不强迫自己为此而努力，就是愧对子孙，就是逃避责任。

不过，我们应当认识到，要想勇敢面对未来，就要采取有别于以往的做法。迄今为止，欧洲联盟的各机构，尤其是欧盟委员会，没有能力来制订一套完整可信的应对危机的战略。在这方面只有寥寥无几的尝试性倡议，虽然其用心良苦，但实际上协调各成员国政策的成效甚微。不管是在关于挽救银行和其他金融机构，还是在提出经济重振计划和制订金融市场新规则方面，每次都是成员国在占据指挥员的位置，而欧盟只能扮演副驾驶的次要角色。这种处事方式就等于是说，对问题的核心置之不理，对危机的本质视而不见。我们的市场已经全球化了，可是我们的民主机构还没有全球化。经济已经全球化了，然而政坛却还在沿袭两个世纪前诞生的以民族国家为基础运行的旧制。这种失衡现在骤然凸现于我们面前。

本书主张改变航向。我们正处于一个特殊的时期。这次危机是非同寻常的，这就要求我们采取非同寻常的解决办法。要远离传统的药方，因为它们看来并不有效；也要远离各成员国的计划，因为它们不仅会分散努力的目标，甚至会使其产生非建设性的结果；同时还要远离没有道理的干预。相反，我们应着力进行深思熟虑的、大胆的和深刻的改革，以此来明确厘清未来全球化政坛的疆界，同时为低碳和可持续发展的世界新经济开辟道路。我深信，欧洲应该充当这些努力的带头人。中国、印度和其他新兴市场目前还不具备这种能力。美国在未来几年中只能主要自扫门前雪，纠正为数众多的滥用无度和失衡现象。欧洲有这方面的能力吗？我们的王牌和缺陷何在？应当采用什么样的战略？这就是本书所试图探讨的问题。

第一章　坠毁

2007年2月7日，作为世界最大金融机构之一的汇丰银行让世界金融界大吃一惊：这个名号遍布五大洲的集团宣布，它在美国的房屋抵押贷款业务“遇到了严重的金融问题”。这是一个明显的信号——美国有某种东西情况不妙。实际上，一个国际性的大银行以这种公告方式自曝家丑，至少可以说是异乎寻常的。一般来讲，银行是不会把新闻公报直接投向世界的，特别是当其包含坏消息的时候。顾客们开始骚动，股东们神经变得紧张，股市出现下滑。当天汇丰银行市值损失了大约2%，摩根大通银行甚至对其股票挂牌停售。但当时事态也就是仅此而已，整个业界没有惊惶失措，因为汇丰银行的负面警告被淹没在其他企业的正面业绩之中。三个星期之后，第一批专门从事高风险不动产贷款的美国银行宣告破产。

美国不动产市场崩溃

美国房屋抵押贷款的不正常增长（确切地说是投机性上涨）和随之而来的急剧崩盘，并非自2007年2月才开始。美国不动产业的快速膨胀发端于世纪之交，动因则是利息低薄，房价上升，房屋抵押贷款需求扩大。2002 年到2006 年，美国经济年均增长率为5.4%，而在此期间，不动产界的增长却几乎是美国经济增长率的三倍，即高达15%，房价也以同样的速度大幅增长。同期美国房价上涨了90%，相当于每年平均上涨11%。在其最高峰时期的2006 年，房屋市场被高估达50%之多。我们看到此后的房价暴跌情况足可证实这一判断。

刺激不动产市场增长的原因之一，是越来越多的美国人可以借到低廉的抵押贷款。这些被称之为“次级贷款”的借款，与汽车贷款相比大体可以说有“三零”优惠，即：不需提前付款（零首付），三年内无须归还本金（零还本），三年内不交利息（零付息）。近800 万宗“次贷”被借用，在美国几乎每五宗贷款里就有一宗是房屋抵押贷款。

从2006 年春天起，这一制度开始遭遇第一批坏账：美国中央银行决定提高利率以抑制通货膨胀，因而使借贷人面临还款额越来越高的问题。实际上，大多数贷款在签约时规定利息是可浮动的。房价出现了多年来第一次下跌。由于房价下跌在开始时是缓慢的，所以这一现象当时几乎没人注意到。但后来下跌越来越快，到2006 年冬季就有第一批受害者倒下了。还不起抵押贷款的美国家庭被一个个地从房屋中驱赶出去。到六个月以后的2007 年夏季，被损及的美国家庭已多达200 万，从而造成了前所未闻的大规模社会悲剧。所有的人们都逐渐看清，美国的房屋市场已经崩溃。卖不出去的房屋数量直线上升：2006 年为300 万套，2007 年则达400 万套。与此同时，新建房屋的数量一路猛跌，从2006 年到2009 年年初，新建房屋数量下降了至少77%。同期房价也狂泻不止：下跌了25%。美国的不动产泡沫破灭了。

那些被赶出房屋的家庭只是第一线的受害者。很快就有另外一些领域不得不出来“买单”：放贷者、银行、投机基金、保险公司等等，一句话，所有投资于不动产和房屋抵押市场的人都成为了受害者。汇丰银行在2月最先拉响了警报。随后是贝尔斯登银行，它是五家美国投资银行中最小的一家。这些先期预兆宣布了两家投机基金的破产，它们在“次贷”市场上介入过深，并把赌注押在不动产将继续涨价上。一个月之后，在2007年的7月，美国第二大的独立信贷银行印地麦克银行破产。同月，美国第三大房屋抵押贷款集团公司——全国金融公司，也表示自己遇到了严重财政问题。该公司于2008年1月被美国银行收购，当时它的市值已下降了80%。

“次贷”的扩散和欧洲的不动产泡沫

欧洲起初还希望自己能幸免于美国的房屋抵押贷款危机。突然，欧洲最大银行之一的法国巴黎银行决定中止它的三种投资基金，总额高达20亿欧元。这使欧洲从幻想回到了现实。该银行做出上述决定时所引用的理由是：“在美国‘次贷’市场上遇到了问题。”这一下，人们不需要高智商也能明白，这场危机绝不局限于美国。又一个月之后，2007年9月，人们的担心变成了事实。英格兰银行被迫向英国最大房屋抵押贷款银行之一的诺森罗克银行提供紧急财政援助。诺森罗克银行近几年通过提供诱人的利率和略高于房屋价值的贷款额度，实现了爆炸式的增长。因此，它的财政来源不仅靠收集储蓄，而且靠在金融市场上借贷。当后一种来源受到损害后，广大英国储户立刻展开了与时间的赛跑，夜以继日地围在诺森罗克银行的窗口挤兑取款，他们担心自己的钱放在那里不可靠。诺森罗克银行于2008年2月被国有化。

诺森罗克银行的例子表明，欧洲对“次贷”丝毫没有免疫力，数个不动产泡沫由此而发展，英国有，西班牙有，爱尔兰也有。英国的不动产泡沫是与美国平行发展的。在10年间，英国的房屋价格上涨了200%。房屋抵押贷款占国内生产总值的比例由60%上升为83%，而个人负债率则上升到107%，比美国还要高。然而，最大的泡沫还是在爱尔兰。在90年代，由于爱尔兰加入欧盟并使用欧元，同时也由于美国的大量投资，这个国家在欧盟的队列里从排尾一跃而站到了排头。爱尔兰的房价上涨速度比美国还快，在10年间差不多增长了250%。房屋抵押贷款使用量每年平均增加25%，几乎达到1000亿欧元。但到2006年，爱尔兰像美国一样，放贷者的节日结束了，相反，他们被前所未有的困难紧紧缠住。同样的景象也出现在西班牙。在2000年至2007年之间，西班牙的房价上涨了200%，每五个新创造的就业中就有一个是在建筑业。这种情况一直持续到不动产泡沫瘪了下去，或者更准确地说是破灭了的时候。2007年，西班牙的房屋出售量减少了27%。2008年，该国的不动产价值下跌了75%。时至今日，那里卖不出去的房屋多达200万套。

信贷危机变成“系统化”

许多权威人士曾断言最糟糕的时刻已经过去，但均属枉然。信贷危机到了2008年的春季才真正呈现出“系统化”的趋势。这次危机程度之重、来势之猛、扩散之广，足以连带整个金融系统一起坠落。这一特点是在3月出现的。当时，旗下已有两个基金垮掉，而美国所有大银行都曾给其大量贷款的美国贝尔斯登投资银行，被摩根大通集团所收购。收购行动需要大约300亿美元的公共财政支持，美国中央银行为此提供了援助。至此，所有信贷机构、房屋抵押贷款专业银行，或大量投资于“次贷”及其衍生产品的基金，均毫无例外地受到了困难的冲击。由此可以确信无疑的是，不动产抵押危机也将使银行自身的关节脱臼，也就是金融系统运转失灵。

贝尔斯登曾是美国五大投资银行之一。但它过度介入“次贷”市场，这使它负债率高筑不下。它拥有的资本与债务相比，是1美元对35美元。它的债务实在太高了，以至不能让它破产。于是由摩根大通将其收购，每股收购价格还不到2美元。而在2008年年初时，它的每股市值还曾高达65美元。同月，美国凯雷资本公司（凯雷集团的子公司）也向法院申请破产。这一基金背负200亿美元的债务，其负债率同贝尔斯登一样高。这是整个金融系统可能被传染的另一个预兆信号。2008年4月国际货币基金组织估计，由信贷危机造成的损失接近1000亿美元。

从此，向地狱坠落的速度令人头晕目眩。7 月，美国第三大储蓄和房屋抵押贷款银行——印地麦克银行集团再也抵挡不住冲击。储民们争先恐后地前去提取存款，不过几天的时间就取走了 13 亿美元。该银行随即被联邦存款保险公司所收购。印地麦克的命运只不过是一个开场戏，另外两个更大的美国抵押贷款银行紧接着也陷入困境，它们就是美国联邦国民房屋抵押贷款公司和联邦房屋抵押贷款集团，简称“房利美”公司和“房地美”集团。这两家银行成立于大萧条刚过之后，在美国房屋抵押贷款市场上的占有率超过半壁江山。但其手中债务也堆积如山，数额高达 1.6 万亿美元，比其资本多 50 倍。

黑 9 月

2008 年的 9 月将永远留在投资者的记忆中。这是金融史上最糟糕的一个月份，是一个最动荡不安的月份。美国的信贷危机演变成为世界性的金融危机。其触发信号是 9 月 7 日美国政府宣布对“房利美”和“房地美”实行托管，因为这两家银行在一个季度之内又亏损了 30 亿美元。为保证这两家机构的清偿能力，美国政府动用了 2 千亿美元的拨款。这一实际上的国有化之举是美国金融史上前所未有的最大救援行动。

起初，股市对这一救援计划的反应是喜形于色。但当美国政府特别是其财政部长保尔森对美国最大的投资银行雷曼兄弟公司破产不施任何援手的时候，这种喜悦就转瞬即逝。那是在 9 月 15 日，此前的一周里，雷曼兄弟银行遭受到有史以来的最大亏损。用美国中央银行行长伯南克的话来说，美国联邦储备委员会对救助该银行虽然“有心”，但却“无力”。对全世界来说，这种拒绝表明，美国政府的储备已消耗殆尽。其造成的后果是巨大的：因为美国最大投资银行破产本身使美国付出的代价远远超过任何救援计划的代价。美国银行和英国巴克莱银行曾进行谈判，试图拯救雷曼兄弟银行，但徒劳无功。美国历史上最大和最严重的破产案终于发生了。

好像要证明美国投资银行的时代即将永远结束一样，美国的美林资产管理集团也在同一天宣布破产。幸运的是，美国最大的柜台银行美国银行出面接管了它。现在只有摩根士丹利和高盛两家银行还没有沉入水底。但其最终避免灭顶之灾的代价是地位的改变，它们不再是投资银行，而变成银行控股公司。这一转变使其置于金融调控者的直接监管之下，从而可以向美联储请求援助。无论如何，这场“大屠杀”超出了人们的想象。到9月中旬，美国五大投资银行从地球上消失了，它们或者破产，或者被收购，或者变成了传统的银行机构。美国银行体系遭到如此规模的被迫重整，成为大萧条以来最为惨重的一次，真是让人始料不及。

银行并不是唯一的受害者，远远不是。9月17日，美联储收购了世界头号投资公司——美国国际集团。该集团拥有1万亿美元的资产，雇员达10万人之多。对它的收购价是850亿美元，股值则按80%计算。最后，美国政府还是要向该集团注入数百亿美元。然而人们仍未能看到隧道尽头的亮光。此后不到10天，破产就轮到了位于西雅图的美国最大的储蓄银行——华盛顿互助银行。它被卖给了摩根大通银行，售价可怜到不足 20 亿美元。

但是，旨在阻挡这场灾难的全球性金融救援计划仍然迟迟不能问世。最终美国政府迈出了一步，提出一份“困境资产救济计划”。可惜的是，这一高达 7 千亿美元的计划把重点放在收购有毒产品上，而不是对四面楚歌的银行进行资本重组。这一计划在 9 月 23 日提交给参议院，但没有受到最热烈的欢迎。经过数次拖延之后，在没有更好选择的情况下，国会勉强于 10 月 3 日予以通过，但对其做了许多修改。然而这一计划最后失败了。有毒产品最后并未被收购，而紧急做出的资本重组决定又毫无信心。股市下跌没有得到改善，相反，在 10 月 6 日，各大股市遭受了 1987 年危机以来的最大下挫。投资者们举手投降了，股价崩溃了。道琼斯指数四年来首次跌破 1 万点这一心理大关。欧洲股市和银行指数也直线下滑。

欧洲卷入飓风中心

在美国银行系统被金融重灾打趴在地、银行之间的交易几乎停止之后，大西洋彼岸立刻惊恐万状。不过，危机在欧洲大陆改变了性质。使欧洲银行陷入困境的不是缺少偿还能力，而是缺少流动资金。如同人们可预料的那样，欧洲开始陷入了一个金融动荡时期。

第一个登台领舞的国家是丹麦。8 月 24 日，账面标红的罗斯基勒银行被国有化。英国也随后掀起了越来越快的国有化浪潮。应该说，年初对诺森罗克银行的国有化已定下了基调。继之而来的是布拉德福宾利银行（9月28日）、苏格兰皇家银行和哈利法克斯银行（两家都在10月3日）。此外，国家还以“相当大”的份额参股另外两家大银行——劳埃德和巴克莱。9月28日，比荷卢最大的银行保险公司富通集团也敲响了警钟。三国一起拟定了一项救援计划，但富通最终还是被拆散。荷兰部分被国有化，剩余部分被售予法国巴黎银行。比利时丧失了本国最大的银行机构。两天之后，德克夏银行也呼唤救援，其主要原因是它拥有一个活跃于美国房屋抵押贷款市场的分支机构。几周之后，荷兰和比利时政府被迫又向其他银行注入大量资金，其中包括荷兰国际集团和比利时联合银行。比利时还对其最大的保险公司埃蒂亚斯公司实行了国有化。德国也没有幸免于风暴之外。10月5日，德国埃帕房屋抵押贷款公司濒于破产，只是由于政府注入了500亿欧元的巨额流动资金才获救。而在前一天，德国总理默克尔在欧洲四大国首脑会晤时还排除了任何采取共同行动的想法。她当时认为德国的金融机构不会受到危机的影响。

遭受最沉重打击的是冰岛。这个国家尽管很小，却很富。然而现在它却面临破产。几年前，该国银行积累的资产已是国家财富的两倍，到2008年则达到国内生产总值的8倍。因此冰岛受金融危机的冲击格外严重。在10月初的短短几天里，包括最大的银行高频集团在内的三家银行被国有化，冰岛国家本身也只是靠国际货币基金组织的20亿美元借款才免于全面灾难。

欧盟中尚未加入欧元区的中东欧成员国也相继受到冲击。首当其冲的是匈牙利。在2008年10月的前几周，该国的货币福林就贬值了

50%。这一下使许多房产主惶然不可终日，因为他们为了享受低利息的好处而借了外币贷款，现在由于福林疲软而使他们无力还本付息。匈牙利国家本身也由于巨额外债而陷于困境，因为它必须在下一年偿还或续借150亿欧元。只是由于有了250亿欧元的国际紧急贷款加上后来立即增拨的65亿美元，才使它免于面临最坏局面发生。但匈牙利并不是欧洲大陆上的孤立情况。很快，乌克兰得到国际货币基金组织援助160亿美元。拉脱维亚随即要求20亿美元援助。之后是塞尔维亚和白俄罗斯。其中白俄罗斯要求的25亿美元的援助特别令人担忧，不仅是因为求助的数量如此之大——相当于该国国民生产总值的6%，而且因为这是俄罗斯的一个卫星国向国际货币基金组织提出的要求，这至少是不同寻常的。在此期间，东欧的信贷紧缩也在不断加剧。罗马尼亚和保加利亚成为下一批牺牲品。罗马尼亚货币在半年之内缩水了20%。国际货币基金组织、欧盟以及世界银行拿出200亿欧元贷款来试图“止血”。穆迪评级公司认为需要给罗马尼亚近300亿欧元才能使该国经济重新走上正轨，而这一数额相当于该国国内生产总值的20%。

但是，在此之前曾有过一个短短的暂歇期。仓促召开的七国集团首脑会议和欧洲小型首脑会晤给人的印象似乎是，各国政府和中央银行将在国际层面发起协调一致的救援行动。股市重又洋溢着喜庆情绪。但好景不长。没过几天，它们就跌入了更加可怕的深渊。对金融体系崩溃的担心日益增长，绝大部分投资者开始忧虑是否将出现经济深度衰退。2008年秋季，欧洲的各个股市都缩水了25%。金融界的股票骤跌近50%。

半个地球陷入衰退

同样是在2008年的秋季，事情逐渐变得明朗起来：这次大规模的金融危机不会不对实体经济产生影响。许多国家进入衰退期，也就是说连续两个季度经济标红。特别是2008年的第四季度，由于9月的银行和股市崩溃，导致经济指标的标红格外刺眼。美国的国内生产总值下降了1.6%，欧元区的经济也出现负增长：下降1.5%。英国也是如此。德国和意大利甚至分别下降1.8%和2.1%。日本更惨，下降了3.3%。

2009年伊始也看不出有多少改善的可能。各家预测公司的预测都越来越悲观。2008年年底，经济和发展合作组织还预测经济将是“温和”的衰退：德国是-0.75%，法国是-0.37%，整个欧元区是-0.60%。2009年年初，欧盟委员会提出经济可能衰退大约2%，在一些国家可能下降5%（欧元区为-1.9%，遥居首位的经济强国德国为-2.3%，荷兰、西班牙和意大利为-2.0%，英国为-2.8%，法国为-1.8%，爱尔兰为-5.0%）。国际货币基金组织预测，世界经济的缩减幅度可能在-0.5%和-1.0%之间，其中美国为-2.6%，欧元区为-3.2%，日本为-5.8%。世界银行也认为2009年全球经济将呈现负增长。在此期间经济与发展合作组织把自己对2009年的预测进一步调低：世界经济至少缩减2.7%，欧元区和美国都为-4%，意大利为-4.3%，德国为-5.3%，俄罗斯甚至达到-5.6%，而日本则为-6.6%。从各方面看，形势都是1945年以来最为糟糕的。

对2009年预算赤字的预测也同样糟糕：法国增4.6%，比利时增3.5%，德国增2.9%，爱尔兰增11%，美国增12%。而危机对就业影响的严重程度则是大萧条以来所仅见：在经合组织的30个成员国里，新增待业人员将达800万。国际劳工组织估计，在上述国家将有1400万待业者；而在全世界，待业者将至少有2.3亿。

与此同时，关于最敏感经济领域需要进行结构调整的第一批文章涌现在各报纸杂志的首页。跟人们预期的一样，首当其冲的是汽车制造业。长期以来，这一行业就受生产能力过剩问题的困扰。消费者在生活前景未卜的情况下，首先决定暂不购买的可能就是汽车。坏消息再次发自美国。该国的汽车巨头通用、福特和克莱斯勒三大公司均面临财政崩溃，不得不向政府求救。但它们的困难绝非仅仅由金融危机造成的。近几年来，美国汽车制造业严重亏损。其原因很简单，因为它们的竞争力远远落后了，特别是与日本相比。在10年前，这三家公司在美国市场的占有率高达70%，如今则连一半也不到。通用公司在过去三年里累积亏损500亿美元。同期，美国汽车制造能力由年产1700万辆下降为1000万辆。2008年12月9日，美国政府抛出一项以国家借款为基础的高达150亿美元的救援计划，但其条件是三巨头必须接受一项严厉的瘦身精简和结构调整方案。政府还成立了一个专门机构来监督改革方案的实施。这个机构有权重新审定借款、追加借款，而如果这三家公司不能履行有关规定，机构就有权按美国破产法的第11条对它们进行处置。此外，该机构还对其任何超过100万美元的交易行使否决权。

欧洲汽车业的日子也不好过。拥有规模组装能力的国家都面临同样的威胁（德国、英国、法国、意大利、比利时、西班牙、瑞典）。各国政府不得不首先努力挽救本国的组装工厂。连塔塔公司也是如此：它曾于2008年12月22日向捷豹路虎公司注资数千万英镑，而后者于同年被福特公司所收购。12月11日，瑞典政府为了挽救沃尔沃和萨博公司，不得不拿出280亿克朗，这一数目相当于35亿欧元。2009年2月9日，法国政府动用60亿欧元，以低息贷款的形式救助标志—雪铁龙和雷诺公司。标志—雪铁龙在2008年11月亏损17%，连续四个季度赤字，人们担心它在2009年还要亏损10%。雷诺在2008年利润几乎减少80%。在全球范围内，汽车的销售量在2008年下降了7%。意大利的菲亚特公司估计自己在2009年的销售量可能下降14%，2008年第四季度收入则减少了约20%。

以上是工业化国家的情况。然而第三世界也在上演另一幕惨剧，尽管人们对此很少提及。对许多发展中国家来说，问题不在于有毒金融产品或者银行方面，而在于原料的出口方面。由于外国银行资金迅速枯竭，原料出口也骤然暴跌。在发达国家工作的移民能汇回本国家庭的钱也迅速减少。一些硬通货比值急剧下降。投资者急急忙忙地抽回自己的资金以便将其投放到安全可靠的西方著名证券交易所中。由此导致大多数发展中国家遭遇信贷危机，受害最重的是那些小型企业。从各个方面看，其结果都是悲剧性的。国际货币基金组织的统计认为，这场危机已经使发展中国家蒙受了超过1万亿美元的损失。世界银行则指出，危机将使5千万以上的人陷于更加贫困的状态，他们只能靠每天不到 2 美元来赖以度日。儿童将再一次成为最大的受害者。据世界卫生组织统计，由于金融危机和经济下滑，儿童的死亡率在今年将增加一倍。在西方国家为股市崩溃而担心、对投资和股票感到失望的时候，第三世界国家正面临人员的死亡。

衰退还是萧条

我们不能认为，由于信贷危机演变成金融危机，继而又演变成经济危机，似乎一场危机就可以赶走另一场危机。恰恰相反，后一场危机看来更会加剧前一场危机。衰退正愈演愈烈，2009 年还看不到任何希望的曙光。在所有领域，银行和股市继续在耶稣受难图前祷告，而世界列车则艰难地从一站爬往另一站。2009 年 1 月 19 日，苏格兰皇家银行宣布，它在 2008 年亏损了 280 亿英镑。1 月 26 日，荷兰宣布对其储蓄银行荷兰国际集团的 350 亿美元房屋抵押贷款实行国家担保，而此前该银行曾于 2008 年 10 月 18 日得到过政府 100 亿欧元的救助。2009 年 2 月 10 日，瑞士联合银行宣布上一季度亏损 80 多亿瑞郎，从而使其 2008 年全年亏损达 200 亿瑞郎。2 月 26 日，“房利美”公司宣布 2008 年总共赤字 600 亿美元，而且担心 2009 年亏损会更大。“房地美”集团情况稍好，但也于 2 月 28 日宣布第四季度亏损了 20 亿美元。最后，在 3 月 2 日，已被国有化的美国保险公司——美国国际集团宣布，2008 年它的财政窟窿超过 1 千亿美元，并随即再次向美国政府求救，请其追加贷款 300 亿美元。

世界工业界也是一落千丈。以钢铁为例，世界第一大出口国德国在2009年2月的铁产量比上年同期下降36%，钢产量同比下降32%。南非也是钢铁生产大国，在非洲大陆占半边天，其产量也减少了同样的幅度。美国下降了51.2%，独联体国家下降了46.9%，欧盟下降了45.9%。据世界钢铁联合会统计，全世界钢产量同比下降了24%。只有中国是个例外，其钢产量还增加了2.4%。

一些工业行业的倒台引起了原料需求和价格的急剧下滑。俄罗斯就是一个明显的例子。过去几年里，由于原料价格高攀，俄国大企业毫不费力就能借到大量贷款。现在由于原料价格骤降，俄国对近1千亿欧元贷款的偿还能力已受到削弱。数百亿的价格亏损，加上在金融危机中又有数百亿像太阳下的雪人一样融化蒸发，其影响已在各个行业中显现。

很明显，当前的金融和经济危机还未见底。因此，我们仅仅是面临一次衰退，还是将陷入一次萧条，这个问题变得更加紧迫。现在对这个问题作出回答很重要。衰退意味着只是经济轻微收缩，时间也很少超过一年或两年。相反，如果是萧条，那就意味着世界性的经济收缩程度深得多，时间也长得多。第二次世界大战以来，最严重的经济衰退发生在1981至1982年，当时美国人均国内生产总值下降了3%，而劳动人口的失业率达到11%。这些数字与1929至1933年的大萧条时期无法相比：在大萧条的最坏时期，美国人均国内生产总值下降了40%，而失业率高达20%以上。如果我们想要避免萧条，就必须反思一下过去一年中应对危机的措施是否足够。

美国－匈牙利的基金管理者乔治·索罗斯最近宣称，这次危机“比30年代的危机还要严重”。问题在于从什么角度去看。在大萧条发生前的几年里，美国人借贷的数额总量相当于其国内生产总值的160%。到1932年，这一数额达到260%，到1933年就接近了300%。而在2008年，美国人借贷数额就已相当于国家经济总量的360%，因此，按照索罗斯的说法，“这一数额很可能会达到500%”。然而这位基金管理者并未预言大萧条会再次发生，“因为历史不会重复同样的饭菜”，况且我们今天几乎在各方面都生活在完全不同的世界里。

此外，一个国家或国家集团的负债率并不是衡量是否出现萧条的合适标准。只有当人均国内生产总值或消费总值下降到10%甚至更多时，才能正式谈到萧条问题。这种情况在近代历史上只出现过两次：一次是在30年代的大萧条时期，如同我们刚才所说的；另一次是在第一次世界大战刚结束时的1917至1921年，当时经济指标下降了17%。基于这两次经验，专家们预测，这次危机恶化为萧条的概率为20%。换句话说，世界经济出现严重脱轨和大幅度长期紧缩的可能性为20%。相反，有四倍以上的可能性是当前的金融和经济危机严重接近萧条的边缘。不过，这一对衰退和萧条的研究报告也指出，要等到2011年甚至可能要到2012年才能看到经济真正复苏，而在此期间国家公共债务将达到新的高峰。

我们能做的事只有解读事态发展的预兆了。我们知道对经济的宏观预测并不总是准确的。实际上，这些预测几乎从不能完全准确。相反，已经明朗的是，危机的尽头还看不到，危险丝毫没有消除，出现萧条的可能性还切实存在。同样可以肯定的是，是否会陷入萧条取决于我们做什么和不做什么。一句话，我们的命运就掌握在我们自己手中。当前的危机是世界全球化以来的第一次，因此我们克服此种危机的能力也第一次面临考验。其结果将产生决定性的影响，不仅对9亿西方人是如此，对将近60亿并非生活在西方世界的人们来说更是如此。

第二章 格林斯潘的垮台

如果说有一个人的名字将与当前这场危机永远相伴的话，那就是格林斯潘。此人是美国联邦储备委员会，简称美联储的主席，而美联储不是别的，就是美国中央银行。这位格老从此将被描绘成远古时代以石蜡粘翅膀追逐太阳的伊卡洛斯。他从二十年前就被任命为第13任美联储主席的崇高位置上一下子坠落到万丈深渊。所不同的是，格老试图追逐的太阳是经济周期的终结。他的翅膀就是利率。每当美国经济差不多要下滑或坠入衰退的时候，他就依靠这个翅膀使之在天空中升得更高。但是，他赖以黏结经济翅膀的“次贷”却支撑不住。当他接近太阳，也就是不动产的上涨使经济出现过热的时候，这一黏结剂熔化了。于是经济直线下坠，继而出现了崩溃。

“经济周期”的终结

当前危机的根源的确可以追溯到格林斯潘被任命为美联储主席的时候。他的前任沃尔克成功地控制住了70年代末脱缰野马般的通货膨胀，完成了几乎不可能完成的任务。现在轮到格林斯潘来领导美国中央银行了。他任职后没几个月，就发生了1987年的股市大崩溃，那次危机是他的第一个大挑战。1987年10月19日，股市遭遇上世纪最黑暗的星期一，纽约的道琼斯指数仅在一个交易日里就下跌了500点，损失相当于5千亿美元。全世界的股票市场在那一天贬值三分之一，是近代史上损失最多的一天。奇怪的是，当时经济环境相当安宁，所以至今仍然没有谁能对那次崩盘的原因作出令人满意的解释。由于那次崩盘造成的危机规模较小，所以很快得以控制。格林斯潘是经济复苏的首席设计师之一。总之，1987年的崩盘只是一次增长性危机，没有造成什么负面后果。它对实体经济只产生了轻微影响。到那一年的年底，投资者就实现了赢利。

格林斯潘的漫长岁月一直是以不断下调利率的政策为基础的。利率下调可以刺激经济活动和稳定金融市场。这项政策取得了成功。人们无可争议地看到，格林斯潘领导美联储的18年正是美国经济几乎未曾间断的繁荣时期：通胀率低，就业率高，股市每年增值10%。其间出现的两次衰退都是温和的和短暂的。不管是柏林墙倒塌、东欧改制，还是德国统一、苏联解体，都未能使格林斯潘偏离他的财政政策。同样，日本的长期危机、墨西哥和阿根廷的危机、东南亚的严重危机以及1988年俄罗斯事实上的破产，也没有使他动摇。甚至连互联网泡沫破灭或称网络经济垮台和“9·11”恐怖袭击，都没有使他改变主意。格林斯潘就像生活在无懈可击的真空里，错误地认为自己可以引导美国的影响与金融经济实力永恒增长。格氏任美联储主席的时期也始终与美国作为当今世界唯一超级大国的年代紧密相连。

由于有这些表面的成功，人们直到最近才对格林斯潘政策的弊端有所评论。时至今日我们才觉察到，美国看上去的无限增长只是靠史无前例的积累借债才成为可能。时至今日我们才弄明白，美国储蓄全部消失实际上是预示恶劣天气即将到来。时至今日我们才看清楚，正是由于外部世界和外国人大量购买美国的国债和证券才使美国的节日持续了如此长的时间。格林斯潘坚定不移地相信市场会自我调节，因此他拒绝进行干预。他否认不动产形成了泡沫，低估其产生的灾难性后果。更有甚者，他以自己的意志做抵押，拼命阻止出现经济萧条，似乎萧条纯属不正常、不是经济现实的一部分。

当前这场危机表明，相信经济周期不复存在（高潮和低谷相互接替）是多么天真。在格林斯潘任期结束时，几乎所有人都认同这一理念。诺贝尔奖获得者罗伯特·卢卡斯和继任美联储主席伯南克也都认为，宏观经济政策可以避免经济萧条并使经济衰退保持在最低程度。但是，无论是美国的不动产泡沫，还是继之而来的危机，都不是本十年的第一次。从经济和金融角度看，过去的二十年格外动荡。墨西哥、阿根廷、俄罗斯、巴西、东南亚、日本和世界网络经济危机摩肩接踵。尤其是日本的不动产危机和20世纪90年代长达好几年的经济不景气，正如21世纪初的互联网泡沫一样已经证明，认为“经济周期已停止存在”的想法是何等鲁莽。用另一位诺贝尔奖得主克鲁格曼的话说，“泡沫早晚是要破灭的”。但有些鲁莽之徒却认为不会如此。这不禁使我们想起了当年福山先生毫无根据的乐观，他曾于1991年宣布“历史已经终结”。正像卢卡斯和伯南克认为经济环境已在他们控制之下一样，福山也认为，随着柏林墙的倒塌和苏联帝国的解体，历史的车轮已停止转动。他从水晶球里看到的预言是，我们将迎来一个以市场经济和自由民主为基础的稳定时期。直到2001年9月11日的恐怖袭击才最终把这个寓言扔进历史的垃圾箱，使历史的车轮重新转动起来。

反过来，对全世界产生影响的美国不动产泡沫破裂和房屋抵押贷款市场的危机，使近几十年非常时髦的对经济现实过于乐观的某些理念化为乌有。不仅如此，这些事态还告诉我们，我们必须接受“经济周期”的不可避免性和不可超越性，就如同晴天之后必定下雨一样。我们必须承认，经济高峰期越长越密，经济下滑就会越不可避免地继之而来。我们可以像美国那样通过持续降低利率政策来刺激经济，从而推迟下滑的到来，争取一些时间，但绝不可能避免下滑。因此，一个问题自然而然地出现在我们脑海里：下一个泡沫在何处？在中国吗？在证券市场上吗？这个泡沫何时会破裂？在2020还是在2030年？

不管怎样，重要的是要弄懂这些年来所犯的错误，以及我们如何在未来避免重蹈覆辙。更为重要的是，我们怎样才能在几个月后使经济重新运作起来。这些问题与20世纪30年代初大萧条前夕所遇到的几乎一模一样。然而这次使我们深陷其中的风暴的性质有所不同。在一定意义上，这次危机是20世纪30年代大萧条的“磁场阴极”。这不是说问题的根源有很大区别。根源多多少少还是很相似的：长达十几年的投机酿成了股市泡沫，银行又通过贷款为之推波助澜。但大萧条的情况与此相反，它是在泡沫破裂之后而货币当局没有给经济注入流动资金时才产生的。随后就出现了大量失业和购买力下降，从而造成了一个史无前例的恶性循环。在纽约股市崩溃的80年之后，现在已经很少有人能理解那次灾难的严重程度：在不到四年的时间里，就有五千家银行关门，占到银行总数的50%。同期，美国国内生产总值也下降了50%。生产减少了33%，股市暴跌到1913年的水平，失业人数从150万猛增至大约1300万，几乎是每四个有劳动能力的人中就有一人失业。而所有这一切都是在没有社会保障机制的情况下发生的，不像现在的欧洲已有社会保障。股市要等好几年之后才恢复到1929年的水平。失业率则一直到1942年才回落到大萧条之前的比例。至于股票，直到1954年才回升到1929年的价值。那次危机对世界也产生了灾难性的影响：德国、法国、英国、加拿大、澳大利亚、瑞典、挪威、阿根廷、巴西都有数百万人失业；世界贸易减少了25%，在1932年甚至减少了75%。

反观当前的危机，人们很可能把它看做是刺激过度和资金注入过多的结果。为了长期保持美国经济高水平运行，美国政府多年来一直采取低息和降息政策，激励人们借贷，既用于投资（特别是购买房屋），也用于日常消费。人们被唆使靠贷款生活，特别是在房屋市场上。正是这样的政策使需求膨胀和房价上涨，而这一趋势又刺激不太富裕的人去购买住房，办法就是去借抵押贷款。人为推动的房屋价格在达到顶峰之后，就在2006年中期迅速下滑。数百万美国家庭陷入无力遵守还贷义务的困境当中，而贷款本身却已被以各种新鲜的超前的衍生产品形式投放到金融市场。如果说大萧条时期是由于大规模从银行提款（即挤兑）引发的话，那么这次是那些非银行金融领域——

那些“地下钱庄行业”被搅乱了阵脚，卷入了飓风的中心。风险投资基金、投资银行、贷款机构、养老基金等等，都或直接或间接地掌握着“风险抵押贷款的资产”。这些资产有的用“债权保障证券”的外衣包装，有的连包装也没有，但是它们不久前还享受着证券交易所的3A级待遇。不管人们愿不愿意，这次危机已成为世界性的事情。在世界全球化的情况下，金融危机导致经济危机不是例外，而是法则。

瑞典和日本的启示

与大萧条相对照，当前这场危机更类似于日本的经济停滞。日本长达十多年的经济停滞也是在不动产泡沫于20世纪90年代初破裂后出现的。当时日本东京银座区的房价竟达到匪夷所思的每平方米1亿日元，几乎相当于每平方米1百万欧元。日本人只要用东京的全部房地产价值就可以买下整个美国的财产。随后，日本经历了泡沫破裂，其股票指数和不动产市场双双下滑，整个经济界债台高筑，银行出现大量亏损。其结果是，日本陷入严重的经济危机和长期的经济不景气：经济增长减缓或停滞，通货紧缩，所有资产都遭受贬值。20年之后，日本仍没有完全恢复元气。我们近几个月所看到的情况几乎完全是日本危机的重演。日本政府曾试图用资产赤字来抑制衰退，但未能奏效。老百姓的储蓄率有所增加，但对经济毫无作用。人口老龄化以及养老金和医疗保险的增加交织在一起，使公共债务爆炸式增长，以致外国投资者皱紧了眉头：他们对日本经济模式的可行性开始担心。为了应对公共财政的脱轨，日本政府在1997年采取了一整套严厉的整顿清理措施，但这加剧了经济衰退。日本经济直到2003年才开始显露出复苏的迹象。这是由于日本政府在几年前实施了高达5千亿美元的大规模重振计划——对在泡沫中提供可疑信贷而蒙受巨大损失的银行界进行清理，经济才最终出现了好转。

无论如何，日本的危机可以使人得出一个启示：任何积极的赤字政策都有其局限性，指望在银行界还处于混乱的情况下重振经济只能是想入非非。经济复苏与其说来自政府的这样或那样的刺激计划，还不如说是来自金融市场恢复提供贷款。而且银行的作用本身就是收集老百姓的储蓄来投资于生产性活动，并通过利息形式衍生剩余价值。政府确实可以启动和强化经济重振，但如果以为经济可以在不对金融市场进行事先清理的条件下回升至顶峰，则完全是痴人说梦。换句话说，如果政府希望实施“电击恢复心跳”，那么此举只有当老百姓重新拾起信心时才有意义，而这种信心只能在事先或大体同步对金融系统进行重组的情况下才能恢复。

从20世纪90年代初的瑞典危机中也可以得出同样的教训。那次同样是房地产危机，过程与美国（还有西班牙和英国）遭受的危机毫无二致。当时瑞典老百姓和企业的负债率在不到五年之间翻了一番，而房地产市场接连不断打破新纪录。最后，用纸牌搭起的城堡坍塌了：从1990至1995年，住房的价格下跌了25%；商业用房价格下跌了40%。所有银行都陷入了困境，经济和就业受到了巨大影响。经济萎缩了6%，失业增加了四倍，财政赤字高达两位数。在对银行界注入大量公共基金后才使颓势得以扭转。援助的对象应当是那些可能挽救局势的人。有两家银行被国有化。瑞典政府还建立了一种“坏账银行”，对所有的不良贷款实行隔离。应当承认，在进行了这种“大清洗”并使瑞典货币大幅贬值（大约贬了25%）之后，瑞典经济才走上了康复之路。

泡沫为何总是破裂

类似日本和瑞典所经历的不动产泡沫丝毫不是什么新鲜事。泡沫是不能长期存在的。人们普遍认为，17世纪初荷兰滋生的郁金香疯狂是第一个膨胀的泡沫。当时，一个郁金香鳞茎所换的钱可以买到阿姆斯特丹运河边的一座房屋。批发商对一种花期短暂的郁金香鳞茎进行投机，抛出了令人难以置信的大量金钱。后来一直发展到这种地步：在1636至1637年的冬季，连最便宜的郁金香鳞茎都如此之贵，以致初出茅庐的商人竟然不敢问津。对郁金香的高昂热潮戛然停止，就像一座没有图纸就建造的扑克牌城堡一样，泡沫破灭了，现代资本主义遭遇了第一次危机。

然而，要发现泡沫并不是特别困难的事，只要研究一下股市和物价的变化即可。当一个大幅度的、持续的上涨在一个较长时期出现时，如果不能用一个或几个支持长期增长的要素（所谓基本要素）也出现了类似变化为理由加以解释，那就很可能是面临泡沫。美国当前所遭受的不动产危机就是一个很好的例子。在2000年至2006年间，美国的人口、建筑成本和利率哪一项也没有明显增长，相反还有所下降；然而不动产价格在此期间却大幅度攀升，至少上涨了90%，平均增速为每年超过11%。这一价格上涨没法用供应减少来解释。因为从

2000 年到 2005 年中的最高峰时期，美国售出的房屋增加了 40%，而新建房屋增加了 30% 以上。所以房价一路飙升是在没有任何确定无疑的客观理由的情况下发生的。换句话说，人们不能观察到共同确定房价的有关变量之一有什么决定性改变（减少或增加）。这就是泡沫确已出现的无可辩驳的标志。

在纯客观的数据基础上察觉出现或者存在泡沫看上去好像容易，但在实际上却绝非那么简单。不管是政治家还是公务员（在这里我将中央银行负责人包括在内），他们都往往情不自禁地倾向于低估泡沫现象，更糟糕的是，有时还予以否认。他们行动的目标是推动经济进步和防止衰退，因此他们对房屋价值的（过快）增长或者技术股票价格的大幅度上升一笑了之。事实上，对付主要由经济（即将）过热所引起的通胀是各国中央银行的重要任务之一，欧元区中央银行甚至把它作为头等要务。但是泡沫不等于过热。泡沫往往产生于经济的一个特定领域。在美国和其他发生泡沫的国家，房屋价格的快速上涨并没有表现为通胀飙升。不动产价格和能源价格的上涨与生产利润以及运输、原料和半成品价格的下降大体相抵。也就是说，不动产价格的持续上涨从未对通胀的整体水平构成威胁。因此政治决策者和央银负责人非但不把泡沫看成是泡沫，反而把它们看成是一种动力，在某种意义上来说是防止迫在眉睫的通胀的一个马达。利率的低薄继续对不动产市场的活跃和价格上涨提供支撑。总而言之，泡沫不仅没有被视为威胁，反而被视为好事，是一种恩惠，既可以防止即将发生的经济衰退，也可有助于克服经济衰退。因此，人们不是去控制它们，相反却放纵甚至鼓励它们。

美国不动产上涨的意识形态背景

在这场自杀式的游戏中，意识形态动机也很可能发挥了作用。希望让每个家庭（包括只享有微薄收入的家庭）都能拥有自己的房屋，成为房产主，这肯定不是一项失去理智的政策。使房产民主化，这是一个崇高的目标。再进一步说，对数以千万计的第三世界穷人来说，最全面的房产民主化可能是使他们拥有初始资本的唯一手段，有了这笔钱就可以过上体面的生活。一位名叫埃尔南多·德·索托的秘鲁人曾进行过一场艰苦的斗争，他主张向非洲和南美城市的许多穷人发放房产券，让他们拥有铁皮棚区地皮和窝棚——通常是非法建筑——的产权，如果他们愿意就可以兑换成现钱。然而，在美国，房屋产权民主化的性质却与索托的崇高目标有天壤之别。索托是想把一部分财富作为资本装进穷人的口袋，而美国却唆使低收入阶层再次负债。这些风险抵押贷款的名字本身就很能说明问题，因为谁都可以去借用，无论其收入和就业情况如何。这些贷款的利率是可变的，因此当泡沫上升到最高点的时候，借用这些贷款的人就面临还款数量增加的问题。让我再说一遍：房屋产权民主化本身是积极的事情，但不能以此使相关人由于还款额上涨和债务增加而跌入经济地位进一步下滑的深渊。如果房屋产权民主化是这样的景况，那只能使人们向新的贫穷坠落。

我们还应当对这个意识形态前提——我称之为盲目狂热——打一个问号，即：每个家庭都绝对应当成为其所居住房屋的房产主吗？不错，我们应当把房产拥有率拉向尽可能高的水平，但另一方面，房产除了有利之处外，并不是在所有情况下对所有住户都是理想境界。最理想的情况，应当是房屋市场全由房产主所构成。但实际上，这个市场上还有租借、贷款合同、长期租赁契约，等等。对一些家庭来说可能租房更为合适，因为他们可以把有限资金投资于其他生产活动。对另外一些家庭可能是相反的情况。对一些企业主来说也有同样的考虑：例如，购买厂房把钱拴死，而不是把钱用于购买生产机器，这对他们没有一点好处。在一个流动的房屋市场上，与借用利率可变且会在不动产暴涨之后发生爆炸的贷款相比，那些不富裕的家庭通常可以通过有保障的廉价租房就能生活得更好。不管怎样，美国不动产危机所造成的结果是：许许多多美国穷困家庭（通常是黑人家庭）被赶出了他们的住房。他们不仅要缴纳新租住房的全部或部分租金，而且还要继续偿还原来的贷款。

美联储的失败

无论如何，现在美国和其他许多西方国家有足够的理由来避免那些会彻底打乱经济的泡沫，就像 2001 年的技术股票泡沫或 1990 年的日本不动产泡沫一样。与可持续的、平衡的增长相反，这些泡沫制造出虚假的、通常是投机性的上涨，结果则是不可避免地出现崩溃，通常还会向其他经济领域泛滥。更严重的是，它们酿成了新的不良借款。因此，提供国家担保、实行国有化或者注入资金等措施就是不可避免的了。然而那些得到上述帮助的投资者或贷款者却是最不配接受援助的人，因为他们所冒的风险最大，表现出的责任感也最低。

经济的传染现象在人们存在幻想时大概难以避免，就像鼠疫一样。在泡沫时期，即使是崩溃和爆裂的预兆已经可见，至少内行人已有所觉察，也很少有人能抵抗住跳上开动的列车和分享一杯羹的诱惑。尽管人类有不能自制的本性，我们却不能因此就不采取措施去遏止这些过度之举，或错过我们有限的机会。首先，金融当局应发挥全面作用。显然金融当局（美国的联邦储备委员会）在引发房屋风险抵押贷款危机中起了决定性的影响，因此，由它发挥全面作用十分重要。美联储对危机发生有直接和间接影响：直接影响是它否认或至少是低估自己对金融市场的调节和控制使命，而金融市场对此次危机起了关键作用；间接影响是它通过持续降低利率人为地推动了泡沫，这一点可能与它的调控失败有同等分量。

更为严重的是，从 2006 年 3 月起，美联储决定取消关于货币供应量的某些数据信息发布。这样一来就剥夺了银行、投资者和金融机构了解情况的工具——可向其显示是否产生了泡沫，或者至少有利于他们分析有关现象。美联储所以要取消公布货币量数据的理由与欧洲中央银行完全不同，这个理由似乎是天方夜谭。美联储认为，货币供应量指标中的 M3（整个银行体系的金融资产总和）不能就未包括在其他数据中的经济活动带来任何补充数据，因此为收集和公布有关 M3 的数据所花的成本高于其带来的好处。这到底是怎么回事呢？M1（狭义货币供应量）代表现金货币供应量（硬币、钞票）加上活期存款余额。M2（广义货币供应量）代表流通货币总量加上储蓄存款与短期存款。M3 则代表 M2 加上最长 2 年的金融市场债券和投资基金中的股票。一句话，M2 表示银行财政的传统资产，即存款，而 M3 则可使人们跟踪与市场相联系的金融资产的演变，也就是说短期金融工具的趋势。因此，M3 可以提供银行在金融市场上融资方式的概貌，从而能带来一些有意义的信息，对评估金融稳定与否是非常有用的。M3 比 M2 和 M1 更重要，因为它也可以反映出金融创新对经济中的货币流通会产生的影响。它有助于人们了解市场证券化的广泛程度。目前我们掌握的为数不多的数据表明，自从美联储决定取消 M3 数据以来，这一金融领域就发生了“爆炸”。在 2008 年，M3 先是暴涨 10%，接着又上涨 14% 甚至到 17%，而当时 M1 只是稳定持平，M2 则相对平稳上涨 6% 左右。因此，不仅应当恢复定期公布 M3 数据，而且要对那些不记在账面上的“账外”资产加强透明度。这样的做法将可以使银行和投资者更快地发觉投机性上涨，并在各自的经济活动中表现出应有的各种谨慎。

房屋抵押贷款及“次贷”

不动产危机是怎样导致了信贷危机和金融危机呢？它们又如何对经济产生了影响？我们已经指出，“房屋风险抵押贷款”以及其他类似性质的房屋抵押贷款机制（例如 ALT – A，即位于优级与次级之间的次优级房贷）就是这些危机的根源。为了弄明白来龙去脉，首先必须了解与欧洲完全不同的美国房屋抵押贷款市场的运作方式。在美国，那些不富裕家庭可以借用大笔贷款，也就是说“次级贷款”几乎不成问题，其原因是这些抵押贷款不是以借贷人收入为基础计算，而是以借贷人所买的房产价值为基础计算的。具体来说，即使那些没有职业、没有收入、没有财产的人，也可以借用这些贷款。实际上这种情况大量发生。这种贷款也称之为“三不问”贷款（NINJA），即不问收入、不问就业、不问财产状况。人们也称之为“骗子贷款”，因为只凭贷款人的声明就可以借贷。这些与很低的利息率联在一起的贷款激起许多没有钱的美国家庭也去借贷购买房屋。如果不动产价格随着需求增加而上涨，他们所购买的房屋价值（虚拟价值）以及他们的偿还能力也就会随之上升，这就使他们可以再去借新的贷款——可用于购买汽车或外出旅游。一旦不动产价格达到顶峰并开始滑落，大部分人就会立即陷入困境，因为他们所购买房屋的价值已经低于应偿还的债务。更甚者由于其所借的经常是可变利率贷款，所以他们已没有还债能力。他们能做的事情只能是把房屋钥匙交回银行手中。

因此，第一批受害者是众多既没有钱又丧失了住房的美国人，他们受害最重。但故事远未就此结束。银行家们为了遵守义务，不得不想办法转售这些房屋。待售房屋数量增加使其价格进一步降低，这又增加了银行的亏损。一个恶性循环就这样形成了。售出的房屋数量越多，房价就越低，银行的亏损就越大。最终结果是，银行自身陷入了困境，金融危机于是爆发。为了信守承诺，银行没有别的出路，只能大量抛售资产，这又引发了另一个恶性循环——银行把股市拖向深渊。资产价值的不断缩水最终导致对企业供应贷款的减少乃至可能停止。如果到了甚至是消费者也因缺少财政手段和看不到前景而丧失了信心并取消了一些开支的时候，触及整个经济的危机已经就不可避免了。

大规模金融流行病

我们还没有回答另一个问题：美国的“次贷”怎么会把这么多的外国金融机构拖入了它的深渊？世界上怎么会有这么多的银行和金融机构被感染？现在对这一流行病的诊断已经真相大白。有一半以上的“次贷”是握在美国以外的银行、投机基金、保险公司及其他金融机构手中。近 800 万宗可疑“次贷”的数额几乎达 1.4 万亿美元，其中有大约 7 千亿美元是正在或曾经由非美国机构投放的。问题是这怎么成为可能的？这种传播源于什么机制？

这一世界性的传染病的源头在于金融创新，或者更准确地说，在于对这种创新的监管很不完善。金融创新是一种统称，它是指一整套现代金融技术，处于第一位的叫做“资产证券化”，其运作方式是把非流动性资产（如房屋抵押贷款、消费贷款或债权客户）转化为流动资产，即转化为可兑换的证券。同时，这一技术还可通过世上最简单的方式把不同来源、不同特点、不同风险性质的金融财产汇集起来，并将其包装成新的可兑换的证券，推荐和出售给投资者。这种模式其实很简单：你汇集一定数量的抵押贷款后就可以发行一种证券，后者可以拥有一切与之有关的利息和贷款产生的资本折旧。你可以出售这一证券，其名称为“抵押债权担保证券”。如果是涉及住宅抵押贷款的，就称为“住宅抵押债权担保证券”；如果是涉及商业用房抵押贷款的，就称为“商业不动产抵押债权担保证券”。除此之外，上述资产证券也可涉及学业贷款、汽车贷款或者登记信用卡，在这种情况下，其证券称为“资产担保证券”。所有这些证券又可被汇集起来，并找到购买者。这时人们就把这些金融产品称之为“债权保障证券”（TGC）。这些证券然后又可以再次被汇集在其他“债权保障证券”中，名为“债权保障平方证券”（TGC^2）。此类证券变得非常复杂，其中大部分已经不可出售。因此，人们本来想把非流动资产转化为流动资产，但这种技术却衍生出了如此复杂的产品，以致它们本身又变成了非流动资产。

但金融创新并未就此止步。上述各类证券又可以根据其“地位”被分割成“初级”、“中级”、“高级”等板块。与上述资产相关的证券如果出于某种原因不能得到偿还从而使整个资产受到损失的话，那就首先由“初级”板块来加以补偿。只有当损失重大到“初级”板块不足以补偿时，“中级”板块的持有者才会开始亏损。“高级”板块作为最后的板块，则是在“初级”和“中级”板块都被损失卷走时才开始亏损。这一技术使“高级”板块获取了很高的评分，即便整个资产已丧失大部分偿还能力时也是如此。事实上，“初级”和“中级”板块只是整个资产用来消化亏损的安全保护层。如果这个保护层不够厚实，或者损失过大，“高级”板块也会陷入困境，尽管它享有3A级评分的美誉。

证券化曾取得过巨大成功。它使企业和投资者拥有了一个额外的筹集新鲜资金的工具。例如所谓的“财产担保商业票据”，那不过是些证券化了的短期契约票据，实际上是募集短期资金的一种工具。对银行和其他金融机构来说，证券化也是使它们更好抵御风险的一种机制，因为它把风险分摊到尽可能广泛的程度。一般来说，人们认为这种机制应该是有助于金融稳定的，把信贷风险扩散化总比把风险集中于货币要好些。在 1980 年，抵押贷款几乎全部都是以货币形式进行的，而到 2008 年的时候以此货币形式贷款的只剩下不到 30%。其他 70% 的贷款都以"债权抵押证券"、"住宅债权抵押证券"、"商业用房债权抵押证券"等形式分散到世界各地。

为了使这些新产品和新技术在规则上成为可能并在税务上具有吸引力，人们创建了特别的司法结构建筑，如"特别目的公司"、"专门投资工具"等等，它们一般都设在海外。总而言之，"特别目的公司"、"专门投资工具"、"债权保障证券"、"抵押债权担保证券"、"住宅抵押债权担保证券"、"商业用房抵押债权担保证券""财产担保商业票据"等等，再加上"信贷违约互换"等其他金融衍生工具，滋生了非银行金融活动的大规模扩展，而这些活动的环境则几乎是完全未被纳入监管和规范。

"信贷违约互换"是一个很典型的例子。它实际上是保障某种债券的持有者免受支付违约风险的保险单。其特殊之处在于，任何人都可以购买这些保险单，而与投保人却没有丝毫交道。换句话说，这些人根本未被要求遵守购买违约支付保险的义务。这就像你在购买一种火灾保险并为之缴纳一定保金，而投保的房屋却不为人知。假如此房屋真的燃烧起来，你就可以像投保者本人一样，取得合同所规定的赔偿金和利息。简而言之，"信贷违约互换"是一种虚拟的保险合同形式，其做法更像是在赌场而不是保险公司才会看到的。因为，在赌场里，赌徒必须在彩球滚动到好的位置之后才能去柜台领钱。“信贷违约互换”的问题在于，如果支付违约现象真的发生，那么就必须做出巨额赔偿。美国和全球最大的保险公司——美国国际集团曾经是这一纯粹投机市场上的绝对冠军，但美国政府现在不得不拨款700亿美元以避免它遭受灭顶之灾，而且它是否能最终得救还是未定之数。

不管怎样，通过这些金融形式，造成了金融证券泡沫，其规模远远大于房地产泡沫。从本世纪初到2005年，仅以“房屋风险抵押贷款”（即“次贷”）形式发行的“住宅债权抵押证券”和“债权保障证券”就增长了10倍，从1千亿美元猛增到1万亿。而“信贷违约互换”的市场几乎达到50万亿美元，是美国国内生产总值的5倍。相对于房地产泡沫而言，金融证券泡沫的问题不是它发展得更快，而在于它更危险，更具爆炸性。其主要原因有两个：一方面，由于证券化经过包装并与风险较低的贷款混杂在一起，其风险性不那么显而易见，这使世界上的几乎所有大银行以及成堆的其他金融机构都可能通过“可疑信贷”受到传染；另一方面，房地产泡沫与金融泡沫的性质有根本区别，前者的影响始终是地方性或区域性的，而后者则可以毫无障碍地逾越任何边界，不管是国界还是金融市场边界。美国的房地产泡沫爆裂在先，金融泡沫破灭是步其后尘，然而后者的影响却是世界性的。

评级机构的恶劣作用

剩下的问题是，除了几个警告之外，人们全然没有看到风暴的到来。怎么会是这样？原因是什么？银行和金融机构为什么要继续追求和持有这些有毒产品？这里我们就不免要研究一下评级机构所起的恶劣推动作用。评级机构是要对投资特别是信贷产品的质量进行评估。如果一种产品得到很高评级——例如很著名的3A级评分——那么就会使银行和投资者去追求这种产品，把它纳入自己的资产。如果某一产品评级很低，那么它很可能就会无人问津或者以低于市场价格出售。因此，评级机构是向各大投资公司提供不可缺少的资讯的强有力机构。自从关于银行资本金的新法律——《第二个巴塞尔协定》生效以来，评级机构的作用进一步扩大，对有关资产的评级取决于其风险程度，这反过来又会影响对资本金的评估。

可是，世界上只有三家大的评级机构，其中两家是美国公司（标准普尔评级公司和穆迪评级公司），一家是欧洲公司（惠誉评级公司）。它们一起控制了市场份额的80%，几乎没有什么竞争对手。重要的是应该知道，它们的酬金不是来自得到或求取资讯的人们，而是来自从事投资产品或证券交易的机构、银行、政府或企业。它们甚至还经常对后者的新产品设计提出建议，然后再对其加以评估。它们发布的资讯是否准确，丝毫也不影响它们的收入。情况甚至相反。它们做出的评级越高，它们的收入也就越高。近几年来，它们的利润增长翻了一番，有时甚至高达四倍。

然而，没有任何人来控制评级机构。它们几乎用不着为其评估做解释，也没有哪一次危机对它们辨别投资好坏所使用的方法提出质疑。此外，它们对某些特殊市场的特殊环境很少留意，比如“次贷”

市场就明显有十分特殊的环境。它们在评估时所考虑的风险范围很窄，主要局限于信贷风险：破产的可能性或票据的难以偿还性。流动现金风险不在它们的考虑之内。因此，评级机构在危机爆发方面显然扮演了值得怀疑的角色。首先，它们是问题的基础——对那些可疑的投资产品给予很高的评级。其次，在危机出现之后，它们又转而对这些产品全面降低评级，在危机上火上浇油。过去的评级过分乐观，现在则过分悲观。在危机之前，差不多有 6 万种系列证券（其中许多是“信贷违约互换”）享誉 3A 的评级，而今天要得到这一评级是如此之难，只有美孚、强生、辉瑞、微软等 12 家公司尚可跻身其间。那些在危机前繁衍过十倍甚至百倍收益的企业票据，其价值现在以同样的比例受到感染。过去，由于评级甚高和利润丰厚的巧妙结合，使许多人心受引诱、盲目趋求。但就我所知，投资利润越大，风险就越大，在此情况下对评级的授予和考察就越应谨慎。“回报越高，风险亦然”，这是一条黄金定律。

短期思想的独裁专政

所有这些造成危机的行径都有一个突出的共同因素，就是人们所称的“短期思想的独裁专政”现象。我还想对此加上可以称之为“风险意识熄灭”的第二个现象。这种短期思想和行为方式当然不是什么新鲜事。总是有人试图利用形势来获取短期暴利。人们称之为“投机”。但这种事情在过去只是个别人的所作所为，而且只在有限的时期发生，现在却开辟了一条直通我们经济心脏的道路。这种短期思想已经成为我们进取方式的一个组成部分，甚至可以说是已成为其主要特点。投资、研发、创新等为创造长远财富所必需的东西，都已被牺牲或降为眼前利润的从属品。这种情况已屡见不鲜，什么“红利”、“股份奖”、“举债收购”、“裸卖空”以及为数众多的“投机基金”等等，都是如此。

“红利”是指高级干部在固定年薪之外所得的可变报酬，其数额根据营业额、利润以及企业的资产值估算情况而定，也就是说，都是短期指标在起作用。所以毫不奇怪的是，它们激励受益者努力衍生眼前利益，即便为此损害企业的长远利益也在所不惜。于是，美国五个最大银行在2006年就发放了价值250亿美元的红利。次年，它们发放的红利达到650亿。在数月或数年后银行已注定要破产时，没有一个受益者出来归还过去所拿的红利。“股份奖”的作用如出一辙。当然，红利本身并不是不合理的。它们有助于加强企业与员工的联系。但是，如果不把这些奖金保存一段哪怕是最短的时期，那就只能加强人们对眼前利益的追求，换句话说，人们将期待更高的价值和更多的分红。

“举债收购”可能是破坏性最大的产品。它意味着必须要有高达15%至20%的回报率。在多数情况下，它们并不是由工业家发起的，而是由纯粹的金融投资基金发起的。后者的唯一目的是用最少量的资本和最大量的借款来收购企业，对借款的偿还是用企业产生的利润来保证的。通常在三至五年之后，企业很快被重新变卖掉，当然是连同其巨大的剩余价值，但也附之已堆积如山的债务。投机基金也瞄上了短期市场。它们的口号本身就是一项计划：捞到钱就跑。其做法是，用借款来对困难企业进行结构调整或资本重组，从中提取尽可能多的资财，然后一得机会就赶紧脱手。还有更快的勾当：人们甚至可以就一批资产进行赌博或投机，而不必知道其主人是谁，这就叫做“裸卖空”。早晨的时候，你可以把你并不持有的股票抛售出去，因为你觉得它们将要在这一交易日里下跌。然后你加一把劲，对所涉企业散布一些不妙消息。同时，你再脱手更多的股票，其他的股票持有者也会搭上开动的列车而跟着抛售。这样一来，股值就会下跌或崩溃。于是，到晚上收盘的时候，你用少许一点钱就可以将这些股票买下，从而获取早晨开盘与晚上收盘之间的差价所带来的利润。有些公司特别是雷曼兄弟公司曾专门从事这种“裸卖空”。历史的讽刺是，当它自己陷于困境时，也是以同样的方式被清除的。在裸卖空的世界里，捕食者会很快变成被追捕的猎物。这种做法不仅在股票市场上十分流行，在原料市场上也是如此。在原料市场上只有15%到20%的交易是实在的，其余都是投机的和虚拟的。现在许多国家已颁布规定来遏制裸卖空。但也应该研究一下这些交易在何种程度上可以是有益的。因为，你如果要遏制裸卖空，那是否意味要禁止这种行径？如果禁止对股价亏损的投机，那么又在何种程度上容许对股价收益的投机？这是否意味着使用这种技术的期货市场的终结？

综上所述，隐藏在这些建筑后面的“魔棍”实际上是“杠杆效应”。这种方法可以迅速衍生10%至15%的利润。其所使用的技术很简单：那就是通过不断增加借来的资金或通过对风险日增的产品进行投资，人为地提高资本或资产收益。当你以贷款购买汽车或住房的时候，你也可以在一定意义上把你自己的资产利润转化为贷款，你借的贷款越多，或以越来越具有风险的方式投资，你就有机会扩展你的业务，也就是创造更多的利润，从而确实以相对较少的资本创造了越来越大的收益。这个“魔法杠杆”不是别的，正是不断增加负债。它是一个旋转装置，所有的人都在其中以信贷购物，同时又获取丰厚的利润。最后，由于各种风险投资超量和各种价格人为高抬，这样制造的装置会因债台高筑而瘫痪。到它垮台的时候，同样的程序会重新开始，只不过是朝反方向运作。而这造成的痛苦会严重得不知多少倍。欠债是要还的，杠杆失去了力量，大量卖空与亏损相互积累，原始资本的利润出现崩溃。对银行界而言，杠杆的作用与其说有好处，还不如说是最可怕的“内在”威胁，因为这种风险与银行活动的联系是固有的。外来的风险和悲剧性事件只能从外部扰乱经济、社会和威胁金融体系。相反，杠杆效应会从内部使金融体系彻底完蛋。

风险意识的完全消失

在我们被拖入危机的过程中，风险意识的完全消失可能是具有同样危害性的因素。对一个正常运作的市场来说，风险意识是至关重要的。如果金融机构内部的风险意识不能很好运作或对风险视而不见，那就不可避免地受害于鲁莽和不负责任的行为。错误和失策将不会受到处罚。企业、投机基金、银行和其他金融机构将变成纯粹的捞钱机器，其中的每个人只要有可能就会试图尽快发财致富，而没有一个人忧虑最后由谁买单。在没有风险意识的情况下，经济特别是银行就会如同叠金字塔游戏一样，所有参加者都希望由最后搭车的人为打碎的罐子做赔偿。麦道夫（纳斯达克前主席）事件就是个例子，这是有史以来最大的诈骗案，涉及650亿美元。但其5000个受害者中的大多数并不是普通的家庭，而是一些投机基金、银行家和金融机构的负责人。这真使人大吃一惊。此案从各角度看都是“庞氏骗局”（20世纪初移民美国的意大利人查尔斯·庞齐诈骗案）的翻版：他允诺给投资者以稳定的高额回报，而实际上搞的是赤字投资。不过他仍能给出不断增高的回报，办法却是不断吸引更多的受害者堕入他的圈套。

不管是“信贷违约互换”，还是“抵押债权证券”、“资产担保证券”、“债权保障证券”等等，它们的目标始终如一：那就是以最低甚至近乎不存在的风险赢取赌局奖金。谁面临的危险最大？是那些处于链条下游而又想参与赌博的人。实际上，所有这些新技术丝毫不能使风险消失，而只是将其分散，对其进行包装、美化，甚至唆使银行家、掮客和投资者们去甘冒越来越大的风险。的确，如果表面上看来不会承担什么风险，那又何乐而不为？换句话说，这些金融新技术的出发点是想用最大范围分散的方法来减少风险，但现在显示出它们不仅是想入非非到极点，而且成为恶魔般机制的根源。它们把风险喷射到整个世界金融和全球经济各个角落，就像中世纪的鼠疫和霍乱一样。

是不是只有远远处于链条下端的、也想乘机获利的人们被迫买单？还是情况并不完全如此？我们生活在一个“有难同当”的世界，几个人的恶习后果会被转嫁给全体人民。原因很简单：另外的出路对社会来说更悲惨。到时候，全世界至少是所有纳税人不得不开始掏腰包，而那些掏空别人口袋的人事实上仍然无忧无虑。最终，是由整个社会为恶果付出代价。

美国增长模式的破产

剩下的是，以借贷为基础实现增长的模式破产了。这一模式是格林斯潘在20世纪80年代末设计出来的。不管是那个时代，还是现在，这一模式大体是一回事：把经济建筑在无限期推迟付账和把债务留给未来一代的基础之上。这是一种靠低利率贷款运转的借贷财政，以此向经济不断注入更多的流动资金。在此财政下，私人去借款用于买房、买车和供孩子上学。企业也去借款，因为这种借款利息可以不纳入缴税基数，这与纯资本金的情况相反，后者成了受歧视者。投机基金也去借款，因为它们可以用这些低息贷款来收购一些企业然后再高价出售，从其差价中赚取高额利润。最后，政府也去借贷。美国储蓄率已下降到零，这就不足为奇了。同样不足为奇的是，美国企业、家庭、政府所欠的全部债务已创造历史最高纪录，打破了1933年偶然达到的水平。当时美国负债率为国内生产总值的300%，而现在则接近360%。考虑到金融救援计划和刺激经济措施的成本，美国全社会的债务总和可能不久就会达到总资产的4倍。

然而，与大众所想象的相反，负债并非只是美国一家的现象。欧洲的负债率也攀升到前所未有的高峰。如果我们不仅仅统计私人和政府债务，而是把金融机构的债务也加进去的话，那么欧元区的负债率甚至比美国还要高。不过，欧洲债务或欧元区债务还主要是银行方面的事，尤其是金融机构负债的比例高得令人晕眩。在某些情况下，这些机构的债务与资本金之比竟达50:1。此外，美国政府，特别是美国个人在负债的同时几乎没有储蓄，也谈不上什么名副其实的储蓄率，近几年美国的储蓄率甚至下降为零，只是由于危机的影响才于近几个月回升到百分之几。反观欧洲，平均储蓄率已达国内生产总值的11%。在中国，私人储蓄率超过了20%，包括出口和企事业存款在内的官方储蓄率还要高出一倍，即高达40%。

所以，我们应当承认，为了摆脱危机，我们目前没有别的更好办法，只能借用新的公共贷款和尽快恢复私人领域的信贷供应。前者对拯救金融体制和避免普遍萧条是必要的，后者则对恢复投资的流动是不可缺少的和紧迫的。我们的教科书上从未提到会出现世界性的全面贫困，甚至会将过去用债务堆积起来的虚假财富一扫而空。现今我们必须坚决地使用所借的贷款，并在今天花费它们以增加投资，这些投资应是面向未来的投资，生产性的投资，能够缓解明天不可避免地伴随着重大挑战（老龄化、气候变化、贫富差距持续扩大等等）而来的费用的投资。这样做，新借的贷款才能使我们节约一系列开销，否则这些都将由我们的儿子和孙子承担。如果我们不能留给他们一个没有债务的世界，那就至少要做到一件事：让他们继承一个少些类似烦恼的社会。

第三章　市场与民主的割裂

这场危机是否会像某些人所宣称的那样意味着市场的终结？它是否构成对资本主义的致命打击，就像20年前共产主义计划经济垮台一样？我认为不会如此，尽管我可能搞错。看起来，受到忽视的并不是市场本身，而是某些市场的传统美德（长期思想、风险管理、正当竞争）。当前形势也不完全是机制的毛病，而是公共权力的失败。后者的任务就是要时刻监督保障市场机制。实际上，市场要想运行，必须要有自上而下强制性的规则。规则对市场来说，就像氧气对人一样，是性命攸关的。如果没有条文明确并可以进行司法追究的规则，市场将不再是市场，而将成为弱肉强食和战火连天的荆棘丛林。

市场必须有规则

没有规则市场就不能存在，这一说法并不新鲜，也不稀奇。早在1776年，自由化思想的创始人、苏格兰经济学家和哲学家亚当·斯密就预言，一个没有规则的市场是不可能运行的。在他的第二本名著《国富论》中，亚当·斯密就曾这样写道："毫无疑义，这样的规则在某些方面会被视做对天赋自由的侵犯。但当少数人的天赋自由可能损害整个社会安全的时候，就可以而且应当受到法律的限制，对所有政府而言，从最民主的到最专制的政府，无不如此。为了防止火灾蔓延，虽对天赋自由有所侵犯，也要强制建立防火墙。这正是我们建议对银行交易实行的规则。”

在做了这些回顾之后，诠释这些话的最好方式是设想一下，如果产权不受重视，甚至全部被践踏于脚下，那么一个市场会怎么运作?甚至一个儿童都会明白，那将不再是市场。在那样的社会里，只有弱肉强食的丛林法则才能大行其道。没有人愿意采取主动或甘冒风险，因为人人都害怕被“强食者”以暴力或非暴力方式共产或勒索。相反，我们可以证明，正是由于颁布了使产权受到一些保护、正当竞争得到一些保障的法律，才诞生了名副其实的自由市场。在17~18世纪，荷兰和英国成为率先这样做的国家，从而结束了所谓的马尔萨斯循环论。换句话说，尽管人口在增长，但这两个国家已经能够把技术进步转化为经济增长。在此之前，这一成就始终是可望而不可即的事。技术现代化衍生了更大的经济繁荣，经济繁荣又使得人口进一步增长。然而这一发展有其局限性。一旦人口增长赶上或超过经济增长时，发动机就会遭遇第一次故障，而其后果则难免是接踵而来的战争、饥荒、流行病以及由于人类开发活动所造成的天灾。人类社会于是重新回到始发点，同从前一样贫穷和残暴。

无论如何，市场经济是需要强制性规则的。问题在于应由谁来颁布这些规则并保障其执行。当然，已有各方自律和约定游戏规则等例子，但这些大多是特殊情况。这种方法局限于参与方较少或者有足够透明度的行业。在其他绝大多数情况下，当问题关系到整个社会、涉及社会每个成员而且复杂程度较高的时候，那就应当由政府来制订规则，并负责监督规则的执行和对违规行为的处罚。显而易见，这项任务并不轻松。问题的关键在于程度的把握。规则如果过于严厉和烦琐，就会阻碍经济活动。但如果过于宽泛，又会纵容新的经济出轨。此外，就算规则立意再好，也可能有设计不当之处或者监督不力之时，从而导致偏离原定的目标，最终造成坏处多于好处。这一点也适用于政府的所有行为。这些行为经常是不可缺少的，但尽管其初衷好得无可指摘，也可能中途使局势变得恶化，在解决一个问题的同时引发另一个更为严重的问题。

我们当前遇到的危机充分体现了上述关于政府行为的论述。它表明，要进行调节有多难，而要调节好就更是难上加难。它还表明，政府在设想一个合适的行为时，实际效果如何难以确定。可以这样说，在形势最需要政府干预的时候，我们却处于一个悲哀的混杂局面：既有政府规则缺失，又有不当规则的颁布；既有政府行为失误，也有政府无所作为。毫无疑问，这一结论同样适用于美国中央银行和美国政府。

规则制订和监管的失职

请允许我描述一下这方面出现的几个空白。银行界本身是受制于严格的标准和监管的，但非银行的金融机构却是规则和监管缺失的范例。这个例子如此令人震惊，是因为脱离监管的金融市场额度几乎是接受监管的市场的 10 倍。比如，不遵守任何规则的投机基金所进行的交易大约占美国金融市场全部交易的 30%。大量的金融活动（“信贷违约互换”、“债权保障证券”等等）是在调控领域之外进行的。因此，不足为奇的是，当金融冲击或危机到来的时候，人们很难识别风险或采取必要的应对措施。此外，把规则缺失作为可乘之机的并不只有非银行金融机构。银行本身也通过把自己越来越多的交易活动放到“账外”领域以逃避规则，从中捞取好处。执法机构也常常对这些行径不闻不问，尤其是当其以特殊目的公司或结构性投资工具形式出现的时候。为了使这一切正当进行，1933 年的《格拉斯－斯蒂格尔法案》（1933 年银行法）被取消，银行又重新可以把储蓄和贷款等传统银行活动与投资等更具风险的活动结合在一起。

但正如我前面所说过的，问题不仅仅是规则或监管的缺失，在制定规则或进行监管时所出现的失误使局势更为恶化，至少是具有同样的破坏性。在监管方面，人们的注意力几乎全部集中在每个机构单独的健康状况上，而不是具体流动资金的风险和世界金融体制的稳定。不当规则的颁布，《关于银行及企业会计的国际规则》和《金融信息国际标准》就是明显例子。这两项规则强调“以市值计价”的原则，具体地说，就是所有债务、资产、金融工具都必须按市场流通的价值来评估，而不是按其历史成本或到期价格估算。这一原则是错误的，只能进一步加重了危机。如果市值下泻，紧跟而来的就是为平衡债务而不得不抛售的浪潮，这样就会出现更糟糕的市值崩盘，使危机更加恶化。这就是所谓的“循环前期”效应。我们必须牢记并且理应注意，这个负面效应在经济大繁荣时期也会出现。金融机构往往乐于在其账面上记入与实际毫不相符的、人为虚构的利润。这向投资者发出了错误的信号，投资者又向金融机构超量投资。结果只能是使泡沫进一步膨胀。

“循环前期”心态在银行家们的头脑里也颇占上风。当牛市兴旺的时候，他们更容易放宽信贷，喜看营业额增加；一旦利润下滑，他们就采取相反态度。这也是《第一个巴塞尔协定》和《第二个巴塞尔协定》的指导方针——针对基金本身的要求制定慎重的规则。不过，在稳定金融方面采取严格的规则并不一定会导致“循环前期”现象和引发危机，西班牙就是一个很好的例子。西班牙受房地产泡沫的冲击与美国相似，但它的金融机构并未因此承担苦果。其原因就在于，20世纪80年代出现第一次不动产和金融危机之后，西班牙政府强迫本国的金融机构在景气的时期积累资本票据（即反循环政策），以便在困难时期发挥抵御作用。此外，它还禁止银行染指证券化，除非已对资本做好相应调整。

发疯的利率政策

在政府干预失误方面，最好的例子可能是美联储自身的利率政策。再准确点说，就是在住宅不动产泡沫形成并将导致危机的时期。美联储在此期间干了些什么？根据它当时掌握的信息，它本应做些什么？我在此强调“根据它当时掌握的信息”，因为我不想对它做马后炮式的批评，否则我就太过浮浅了。金融政策的宗旨是使经济实际增长与预测增长相匹配。我想做的就是评估一下美联储在世纪之交所推行的政策是否符合这一金融政策的基础。这里所谓的预测增长，是指既不使劳动力市场枯竭又不使失业增加，既不使物价面临上涨压力又不使之下降。这样一个理想的利率政策的基础体现在琼斯·泰勒提出的理论——现在应称之为“泰勒定律”——之中。说明白一些，根据“泰勒定律”，为使经济实际增长尽可能接近预测增长，金融当局应该依据下述三个变量来确定利率：自然利率、通胀水平、经济表现。自然利率是指能使经济尽最大能力增长而又不滋生通胀压力的利率。它可以在2%至3%浮动。各国中央银行在确定利率的时候，都确实在遵守这一定律及其三大变量，或者注意至少不过于偏离和不过长时期偏离这条轨道。如果我们观察一下美联储的利率，很容易就会发现它们经常是符合这条定律的，或者是接近运用这一定律所得到的结果的。但是只有一个很特殊的时期除外。在2002年至2005年期间，人们看到美联储的利率全面低于“泰勒定律”所推算的利率。更有甚者，两者之间的活动余地并非微不足道，而是可以达到200至300个基准点。不知偶然与否，反正恰恰在这一时期住房不动产出现泡沫，房屋价格上涨得越来越快。从中得出的结论只能是，美联储的政策违反了“泰勒定律”，其所确定的利率实在太低了。正是由于这样一种政策，加之其他因素，才导致经济错误地不断向前冲。房地产泡沫持续膨胀，直至2006年出现破裂迹象，而一年之后就开始萎缩。

上述所分析的缺陷都是由于公共权力机关行动失败所造成的市场失败。但是也不能由此得出结论，似乎只要政府正确地执行了使命，市场就能在任何情况下都能完美无缺地运行。在某些特定情况下，市场的失败是其内在固有的。可能有些起作用的外在因素是市场根本未予考虑的，例如环境污染问题。也可能存在资讯占有不均衡、合同双方中有一方处于劣势的情况。在这种情况下，处于劣势的一方应该得到保护。而另一方的优势可能达到如此地步，以致可能对自由竞争造成威胁。上述情况在银行界经常出现，我们在任何情况下都应当努力去改正或阻止失败产生。我要再次重申，不能因为市场有时存在缺陷就说市场应当消失。相反，我们应当尽全力以防止市场的缺陷，并对其运行加以修正。

美国政府的愚蠢行动

为什么危机会走到这样灾难性的地步？并不是所有的规则缺失或考虑不周的规则制订都会导致我们今天这样的危机，也并不是所有的疏忽都一定会把我们拖入深渊。在社会生活中，政府在某些方面应继续发挥主导作用，但实际上却未能正确发挥或者忽视发挥这一作用。所幸的是，这些疏忽并非不可避免地酿成现在这样大规模的危机。那么，什么是这场危机的催化剂呢？通过对近两年事态发展的分析，我们可以得到的启示是，各国政府，特别是美国政府在控制危机中至少有两个关键时刻表现出干预无能。对持中立态度的观察家来说，尽管他们不可能拥有美国政府或美国中央银行同样详细的资讯，但谁都会看出，在这两个时刻进行干预对防止和控制灾难是绝对重要的。

美国政府犯下的第一个错误是，当2006年冬季“次贷”危机的第一批迹象业已显露的时候，它竟然拒绝采取任何规范措施。美国联邦调查局当时已经在侦查涉及“次贷”的几百个舞弊案件，银行也通报了成千上万宗可疑交易，然而美国政府依旧无所作为。更为严重的是，格林斯潘发表声明称，他看不出有任何理由要把为数众多的抵押贷款和消费信贷的发放者置于美国中央银行的监管之下，因为这样将使他付出太大的努力。他甚至表示，由美联储来监管金融机构是不可取的，因为这样做只会使消费者在安全方面造成错觉。

美国政府犯下的第二个错误是，时任财长的保尔森在美国政府全体支持下，拒绝挽救处于破产境地的雷曼兄弟公司。美国中央银行与美国政府之间进行了紧张较量，但由于各自都想把处理问题的责任甩给对方，最后只好让雷曼兄弟公司听天由命。于是爆发了美国整个历史上最大的破产案，所涉金额高达6千亿美元。以致随后在美国和世界各地造成了更为悲惨的连锁反应。

保尔森财长和美国政府的这一拒绝干预是不能用意识上盲目或由于偏见而不能对局势的严重性做出正确判断这两条理由来加以解释的。也许美国政府决定听任雷曼兄弟公司一命呜呼，是因为它想让人们明白，不应该由美国纳税人承担危机的全部后果。也许美国政府想要与这个银行界的楷模拉开距离，因为在它眼里，通过一系列超前手段实现优化和开展业务的雷曼兄弟公司正是危机的责任者之一。雷曼兄弟公司不仅是伦敦证券市场的最大交易者，而且拥有一个专营“次贷”的公司，在衍生产品市场上是无可争议的龙头老大。雷曼兄弟公司还把其全部信贷换成了信贷违约互换证券并出售给远离其总部所在地的全世界的金融机构。简而言之，雷曼兄弟公司成了传染性金融工程的象征。但是外部世界所得到的信号却完全不同：在这场危机中任何事情都不能确定，任何人都不能幸免，即便是最肥胖者也不例外。不管怎样，听任雷曼兄弟公司垮台，听任美国历史上最大的破产案就此发生，这从哪个角度看都是一个关键性错误。这一决定引发了银行间信贷交易的全面崩溃。银行间信贷供应对维系货币流动的足够水平至关重要，但此时这一信贷供应下降到死点。大多数银行没有别的选择，只能以最低价格变卖资产（即所谓抛售），或寻求政府保护性救助。美国的 20 家银行和其他国家的 30 家银行被公开或变相实行国有化。

时至今日，围绕听任雷曼兄弟公司倒闭的决定对否仍然激辩不休。这个抉择正确吗？有些人宣称，不能证明银行间信贷交易的崩溃是由于美国政府拒绝援救雷曼兄弟公司所造成的，因为这一崩溃是在 9 月 23 日，即雷曼悲剧事件发生一周之后才出现的。但观察家在 9 月 15 日就已确实看到银行之间的不信任在日益扩大，其表现是银行间拆借利率与无风险利率之间差距的不断扩大。也就是在同一天，道琼斯指数下滑了 500 点，成为 2001 年 9 月 11 日恐怖袭击以来的最坏股市纪录。有人会痛斥说，真正的崩溃只是在保尔森财长向美国参议院提交其第一个计划大纲之后才出现的。这是一个被各方称为力度不够的计划。但在我看来，这些因素丝毫不能改变这一事实，即正是有关雷曼兄弟公司的决定导致了悲剧性的转折。美国政府几个月前还曾挽救过比雷曼公司小得多的投资银行贝尔斯登，现在却听任雷曼公司归于破产，这使人感到它的方针政策有了改变，今后即便是像雷曼这样的大银行也不一定能指望得到纳税人的帮助。这简直是令人无法置信的消息。直到9月23日保尔森和伯南克提出《问题资产纾困计划》的主要内容后，所有人都认为不可能的事情才得到确认。政府确实将把银行从有毒信贷中解放出来，但仅此而已。至于对困难银行资本重组即保护性拯救，则根本免谈。因此雷曼公司并不是一个特殊例外，其他公司也可能步其后尘，遭遇同样命运。正是在这一天，美国的信贷危机一下子变成了全世界银行和金融界的噩梦。

监管的国别分割

美国远远不是唯一犯下错误的国家。很明显，这场危机之所以能扩展到今天这样的世界性程度，其他国家政府也难辞其咎。美国以外的金融监管机构和中央银行也同样未能预见到金融海啸的到来。众人都认为这只不过是一场飓风，仅会有些轻微伤害但不会造成太大损失。没有一个人意识到，“次贷”等有毒产品是握在美国之外的银行、保险公司和投机基金手中的。这种无知和透明度过于缺乏并不是偶然的。当一些国家政府以分割模式，也就是只在本国边境以内履行监管任务的时候，这种情况就必然会发生。因为市场已经全球化，并已摆脱任何边界的制约。换一种说法，这就是在市场国际化的同时，监管却分割化。因此，监管跛脚、成效甚微，也就毫不奇怪了。另外，大多数银行在感到规则或监管过于严厉时都会有脱身妙计。它们只要转向规则不那么严格的地方就可以摆脱监管。那些以税务礼包进行竞争的国家和避税天堂并不是真正的问题所在。这种形势会使各国政府保持警惕，使之不敢把本国公民和企业当做随时可供挤奶的母牛。真正的问题并不是围绕课税基准高度的竞争，而是这种竞争催生了过于宽松的税收和财政规则，以及相应的过于宽松的监管。例如，当一些国家试图通过推行富有“弹性”的准入和监管程序来吸引新的金融服务和就业服务的时候，它们就已把手指伸进制定金融规则的致命齿轮里，而这无疑将给未来造成许多困难。今天的冰岛和20世纪90年代的阿根廷所遇到的情况充分说明了这一点。一句话，我想指出，造成目前溃败的深层次原因要到全球化的（金融）市场与并未全球化的民主和政治之间的根本失衡里面去寻找。

从这一论证出发，可以考虑的做法只有两种：要么听任经济现实继续在民族国家的范围里赛跑，这就意味着重新回到保护主义；要么让我们立即行动起来，努力实现政治上的全球化。第一种道路即保护主义是最糟糕的办法。它不能解决任何问题，更严重的是它只会制造出新的问题，就像保护主义在第一次世界大战刚结束时占据上风的情况一样。当时由于奥匈关税联盟被拆散，加之其他因素，导致中东欧出现了许多个被高关税壁垒所隔离的民族市场：捷克斯洛伐克、匈牙利、南斯拉夫、波兰、罗马尼亚和奥地利。企业与出口市场被突然分割开来。加利西农业区、西莱吉和莫拉维矿产区以及南北奥地利重工业区之间的联系纽带被完全切断。失业增加到史无前例的水平。通胀速度也如脱缰野马，因为各国都试图自己生产所有产品，而不是像以前那样从那些一直以更低成本和更高效率生产上述产品的地方进口。人民的购买力水平萎缩到十分微薄的水平，以至这些独立才不过几年的新欧洲国家就在20世纪20年代初统统陷于经济萧条的厄运。至于美国，它也在第一次世界大战后走上保护主义道路。从1920年起就全面提高关税，试图以此限制农产品的进口。这些图谋促成十分著名的《斯姆特－霍利关税法案》的出台，而这一法案又引起了国际上的报复，造成世界贸易的瘫痪。正是主要由于这一法案，才导致1929年的经济危机变成经济大萧条。无论如何，保护主义就等于对我们稀有资源的巨大浪费，也是对我们人才的非建设性的使用。它会把全世界各地都引入停滞和贫困。

走向政治上的全球化

第二条道路即政治全球化道路可能是漫长的，但它也是最有益的。我们不一定像雅克·阿塔利建议的那样，去主张不加过渡地立即建立一个世界性政府。我们更应该去设想一个多国家的地区中心网络，以此组成某种世界网络或世界联邦。从这个意义上说，当前这场危机可成为推动政坛向多极化世界发展的粒子加速器。自从2001年9月11日以来，世界多极化已经相当清晰地显示出来，而2008年则肯定在这方面发挥了转折性作用：我们告别了单极的旧世界，进入了多极的新时代。至少表面上是如此。在2008年的夏季，我们看到了北京奥运会开幕式，也见证了中国宇航员首次在太空行走。这证明中国已重新回到它在历史上所扮演过的大国角色。俄罗斯也有着同样的雄心壮志，在这一年的夏季越过了高加索的边界，并不会再从那里撤回。此外，同年9月爆发的金融危机也不可避免地使美国拥有的、自1989年以来似乎不可触动的地位遭到了考验。因此，我们正面临一个世界新秩序的诞生。在这个新秩序下，再也不能由一个超级大国——美国来颐指气使，权力和财富将由十来个地区或次大陆的角色分摊，其中有美国、欧洲、中国、俄罗斯、日本、印度，同时也有巴西以及其他新兴强国。

这样的世界与我们在2008年所告别的世界相比是否会更加安全和更加繁荣？谁也不可能知道。谁都不能对此类事情做出预测。相反，有一点是不言而喻的：这个新世界提供了新的机遇，特别是在区别甚大的文化和文明之间建立崭新形式合作的机遇，以及重塑或者应该说是创建全球化的、有道德的世界政治机构的机遇。今天的危机给我们的惨痛教训主要就是这方面存在弱点。在经济实行全球化的时候，如果没有政治和民主的相应制衡，那就会导致灾难。在未来多极化的世界中，我们恰好有一个唯一的机会来夯实这个民主制衡。为什么这样说呢？因为通过联合国大会以举手或起立表决方式来治理一个拥有近200个民族国家的地球是不可能的。同样，由某一个统治中心通过把自己的意志强加于人的方式来治理世界也是不可设想的。在这两个极端之间，存在着一条中间道路，就是建立世界联邦或者世界网络，它们可由业已存在或正在诞生的区域性组织所组成，并以那些本身就是大陆的强国作为补充。联合国安理会和20国集团（G20）在世界联邦中同时发挥作用。这样的世界联邦将可成为全球化的政治臂膀，而全球化在任何情况下都将继续向前推进。

这是一个乌托邦的主张吗？肯定不是。围绕联合国改革和安理会组成所进行的讨论多年来陷于僵局，这一选择可以为之提供一个出路。现在的安理会仍然是二次世界大战战胜国的派生产物，尽管此后世界发生了深刻变化。同时，这一选择还可以结束7国集团、8国集团、20国集团之间的明争暗斗，并使世界经济力量对比的演变得到重视。尤其是这一选择可以为1945年以后出现的区域性合作实体提供发言权（例如欧洲联盟、东南亚国家联盟、北美自由贸易区、南美洲共同市场、阿拉伯联盟、非洲联盟等等）。这样一来，所有国家在国际舞台上都将有自己的代表，而不仅仅是大陆性强国。此外，这还将激励世界各个地区都发展跨越民族国家边界的一体化合作。在一个全球化的世界上，民族国家的地位将每况愈下。民族国家的地位是19世纪以后才有的，在某些情况下还是殖民地历史的产物，是欧洲人把自己的政治组织——民族国家强加给了整个地球。

这是一个出于需要而提出的主张吗？是，十分肯定。因为一个拥有足够的合法性和权力的、能够解决世界问题的组织正逐渐浮出水面。这是一个可以监督和规范全球化的政治论坛，而其他国际组织（如国际货币基金组织、世界银行、世界贸易组织、联合国办事处等）也可以从这里得到不可或缺的推动力和有关标准，以使这些组织在不同领域各司其职（政治、经济、金融、贸易、环保等），并在需要的时候采取决定性行动。

第四章　政治的无能

针对危机所提出的答案依然缺乏雄心大志。当然，良好的愿望是有的，政治家们几乎每个星期都在北美、亚洲或欧洲某地聚集一堂，试图探讨克服危机良策。4 国集团、8 国集团、20 国集团、国际货币基金组织、经济开发与合作组织、世界银行等等，无不如此。尤其是在欧洲，我们举行的欧盟理事会例行的和特别的首脑会议已数不胜数。可惜的是，会议的次数与结果很不成比例。会议的结论空泛，都是一些规劝，缺乏一定的约束力。至于所投入的手段，也嫌太少和太小。此外，无论是针对金融市场所采取的措施，还是众多旨在重振经济的计划，都是各自为政和分散凌乱。它们的问世没有经过任何协调，好像没有一个人懂得我们所面对的问题是世界性的，因此必须在世界范围内去加以解决。

计划的竞相出台

起初人们提出过对金融市场的止血计划。9 月 20 日保尔森计划出台。一周后爱尔兰计划问世。10 月 4 日欧盟经济四强国计划公布。10

月 6 日丹麦计划出笼。10 月 8 日英国计划诞生。以此类推，不一而足。美国甚至不惜工本地搞了三个不同版本的保尔森计划。随后，一连串数不清的经济重振计划接踵而来，每个计划的目标都是想在自己那个角落里制止衰退并竭力避免萧条。在美国、中国特别是在欧洲，每个国家都在推行自己的计划。这种金融救援计划和经济重振计划的竞相出台存在一个问题，那就是所做的努力处于分散状态，在某些情况下甚至处于相互矛盾状态。为了拯救银行，一个国家可能把重点放在处理有毒产品方面，而另一个国家则可能偏重于给金融机构重新注资。为了恢复储蓄者的信心，几乎所有国家都提高了对储蓄存款和银行存款的担保，但担保的数额千差万别，不仅美国与欧洲不同，欧盟各成员国之间也不相同。爱尔兰走得最远，它对所有银行存款提供担保，价值 4 千亿欧元。此举使大批存款一下子涌入了爱尔兰。

经济重振计划的处境也丝毫不比上述情况好。人们不能辨认出哪个计划是指导和主线。能看到的只是财政补贴和税务减免、担保和参股、增强购买力和增加投资性开支等等，这些措施搅和在一起成为大杂烩。它们就像是一本目录，人们可以找到希望在同一天实行的所有建议，但却从来没有时间和手段去做出决定。英国强调降低附加税，法国等待新的主权基金创造奇迹，德国把目光集中在基础建设和教育，荷兰致力于补贴出口，西班牙偏重于刺激个人住房建设，波兰要求提高欧洲结构基金的共同份额，比利时争取推迟付款，希腊则干脆什么都不做，因为它没有必要的手段。欧盟统一市场像一个未被发现和有待开发的新事物，而危机则成为一个试验和检测某些奇特药方的特殊机遇。

过于被动和缺乏力度

第二个令人震惊的特点是，这些举措过于被动、过分注重防御。它们主要着眼于制止出血，但实际上应当做的是疏通动脉。但我不否认向银行界注入上万亿欧元是有益的；为了避免最坏的局面，我们舍此别无良策。雷曼兄弟公司的破产案一直在困扰着我们。但是结果并不很好，远远不够。银行债务继续增加；金融市场传染病的扩散并未减弱；更为严重的是，金融机构之间的信任迄今未恢复。即便政府对银行间贷款提供了担保，也未能解决问题。在此期间，对企业提供的贷款在缩紧，这一点很令人担心。因为只要对企业的贷款不能得到恢复，我们就不能指望经济活动的恢复。那种以为把恢复对企业贷款作为拯救银行或其他金融机构的条件就可以使问题得到解决的想法是不切实际的，不应当长期抱有这种幻觉。任何人都不可能眼睁睁地看着银行破产。这种相互依存的性质决定了，上述解决办法只会导致新的金融海啸。

那么剩下的还是这个老问题：应当采取什么办法呢？正如我曾说过的，我们已白流了许多鲜血，但伤口仍未愈合。对金融市场至关重要的信心问题依旧没有解决。唯一的出路在于通过制订更加切实可行的游戏规则来恢复公众信心。只有当现在有缺陷的规则被代之以新的更加适当的规则和更加严格的监管的时候，成功才是可能的。这一判断也至少同样适用于经济重振计划。那些主要以“积极赤字”为导向的重振计划不会有什么效果，因为如果我们确实想提高生产机器的产能的话，那就要有一个前提：首先恢复消费者的信心。否则我们的努力只能注定失败。信心并不只是钱的问题，而是取决于对就业、收入和养老金等的预期是否牢靠。换句话说，现在政府出于人为提高购买力的目的而拿出来的每一个欧元都会被家庭主妇搁置起来，因为她们对前途的信心丧失殆尽。信心的恢复必须通过两件事：其一是使银行系统及其运行重新步入正轨，其二是真正实施基础牢固且规模宏大的投资计划。只有在这些条件下，人民才会信服未来是有前途的。在这方面，日本的经验是最清楚不过的。向家庭主妇腰包里注入大笔公共资金是不会产生任何效果的。经济复苏的第一批迹象只有当银行界被整顿清理之后才开始显现。我们今天面临的情况也同样如此。必须首先让人们看到银行界的问题已经解决，然后经济重振计划才会有某些用处。

但这样做需要钱，需要许多钱。迄今为止在这方面所做的努力都嫌太少、太微薄、规模太有限。这一说法也许会使一些人感到惊讶，因为如果稍加统计的话，各项金融救援计划所涉及的金额之多至少是令人印象深刻的：总额已达 2 万亿欧元。全部问题在于，这些资金有多大部分被切实注入？这些信贷和担保经常很少被真正使用。举例说，真正被注入的资本还不到预计的一半，而担保的使用率只为 8%。

不管怎样，人们为经济重振计划所预计的资金数量低于拨给金融救援计划的资金。中国的计划是把国内生产总值的 14% 重新注入经济中去，其金额相当于 5860 亿美元或 4500 亿欧元。美国奥巴马计划动用了 7800 多亿美元（相当于 6000 亿欧元），为美国国内生产总值的

6%。欧盟整体包括欧盟委员会和欧洲投资银行在内的全部努力不过2000亿欧元，只占欧盟国内生产总值的1.5%。欧盟委员会充分意识到这一金额明显不够，不久前决定在上述金额中加入所谓的“自动稳定基金”。此举完全正确。因为每个国家预算中都有这种自动稳定基金，当出现经济衰退时，政府的公共开支自动减少，而失业救济等开支则自然增加。这样做虽然确实增加了赤字，但有关开支会对经济产生稳定性作用。考虑到这一作用，欧盟委员会成功地把重振经济计划的总金额提高到占欧盟国内生产总值的3%。不过这只相当于美国的一半，与中国相比则更少。

所有上述金额适用期是从2009年至2010年。如果只计算2009年的话，那么有关金额就会下降：欧盟降至1120亿欧元（占国内生产总值的0.9%），美国降至2000亿欧元（占1.8%），中国降至2330亿欧元（占7.6%）。从绝对值看，有关金额多得惊人，但与世界国内生产总值相比，不过是九牛一毛。把所有金额都考虑在内，中国、欧洲、美国为期两年的努力加起来才达到世界国内生产总值的3%多一点。特别值得指出的是，这些努力只相当于2008年9、10月份疯狂时期所蒸发的财富的很小部分，也就是说还不到其十分之一。

保护主义的回潮

过于轻率，过于被动，过于分散，这是人们对金融救援计划和经济重振计划提出的批评。更为糟糕的是，这些计划里都含有浓重的保护主义味道，这才是最大的危险所在。在美国，俗称奥巴马计划的

“复苏和再投资法案”就有一个“购买美国货条款”。该条款规定，有关项目只有符合下列条件才能给予政府援助，即“该项目所使用的铁、钢和其他成品必须完全产自美国”。后来，奥巴马总统许诺，尽管有这一条款，美国还是会信守国际贸易协定。然而调子已经确定。在法国，萨科齐领导的政府决定动用60多亿欧元的贷款来支持法国雪铁龙——标致和雷诺汽车制造厂。作为回报，这些汽车制造厂既不得把自己的工厂迁往国外，也不得让外国公司做自己的零配件供应商。萨科齐总统以这样的话来为此举正名：“在最近三年里，有一百万辆法国汽车是在法国以外的地方制造的，我还没有来得及向很多人表示感谢。”在他看来，人们希望新的法国品牌汽车能全部在法国本土的工厂组装，这并非不正常的理由。他说：“这丝毫不是保护主义。”他还认为，自己有义务保护法国的就业。欧盟委员会竞争事务委员奈利·克洛斯则与法国的救援计划拉开了距离，她说：“欧盟希望创造真正面向未来的就业，而不是只在税收增加时才存在的就业。我们需要一种领袖精神，这种精神不允许在损害邻国的情况下去并购跨国公司，不允许盗窃别国的就业。”

在德国，联邦以及地方政府正与通用汽车公司谈判，争取让欧宝公司有更大的独立性。它们的目标是通过提供信贷和担保来使德国的工厂得以继续生产，并使德国的就业危机得到拯救。在意大利，贝卢斯科尼总理建议对位于都灵的意黛喜家电工厂提供20亿欧元的补贴，以阻止该厂迁往波兰的计划。在英国，布朗首相宣布他将召集200家大企业一起开会，研究如何“确保把英国的就业机会留给英国工人”。他特别希望大企业能为年轻的毕业生创造临时性岗位。巴克莱银行和微软公司都已答应提供帮助。与此同时，他还以语言考试为手段，使那些不太懂技术的移民进入英国更加复杂化。

在帮助和拯救金融机构方面，国别的和保护主义的反应也成了规则。以富通银行保险公司为例，比利时、荷兰和卢森堡三国曾就共同援救富通公司的全部活动达成协议，但后来荷兰政府中止了该协议，从而使富通公司的荷兰业务同比利时业务一分为二。在拯救法国和比利时共有的德克夏银行问题上，法国只是在攫取了该集团的业务领导权之后才同意伸出援手。至于德国，默克尔总理拒绝了欧盟提出的救助银行计划，但 24 小时之后，德国政府就决定进行干预以拯救其庞大的住房抵押贷款银行埃珀集团。总而言之，欧洲没有任何的协调或共同行动。最糟糕的决定是爱尔兰下令单方面提高对储蓄存款的担保。该国原先只对 6 家银行及其子公司担保，而现在宣布国家对所有存款无限制担保。这种明目张胆的竞争扭曲导致大量存款特别是英国的存款涌入爱尔兰。别的国家无计可施，只好以爱尔兰为榜样提高对储蓄的国家担保，尽管有一定限度。德国曾对这一决定持特别激烈的批评态度，但这时也被迫效仿爱尔兰，以避免其储户产生恐慌浪潮。

不过，保护主义的抬头不止在欧洲。世界银行指出，从危机开始以来，旨在保护国内贸易、阻碍国际贸易的大规模行动已达 47 起之多。比如，印度财富的很大一部分是得益于世界贸易，但它却决定禁止从另一个出口冠军——中国那里进口玩具。后者也如法炮制，禁止进口许多欧洲食品。加拿大不得不学习美国的保护主义措施，以避免自己的汽车制造业翻船沉没。厄瓜多尔在这方面是无可争议的冠军，因为它对近600种商品提高了进口关税。令人担忧的是，这些干预行动的大部分是由20国集团中的17国所采取的，而该集团曾在2008年11月达成一项共同协议，目的是避免各国在孤立主义中寻求自保。世界贸易组织也对保护主义的抬头提出了警告。世界贸易可能是经济重振的发动机之一，但我们现在每天都看到，保护主义措施阻止世界贸易的风险在日益增大。而所有这一切所处的背景是，继经济衰退之后，世界贸易已全面萎缩，据称2009年将减少9%。

在所有这些保护主义倾向背后隐藏着一个最大的危险，这就是我们用无数汗水、鲜血和眼泪所统一起来的欧洲市场可能松懈乃至瓦解。解体已经开始，例如在银行界，各成员国金融机构在信贷危机压力之下越来越向本国市场收缩。在工业领域特别是在汽车制造业，各成员国都在为本国工厂的生存而奋斗，而不是制订一个欧洲共同幸存的战略。在电讯界，本民族的冠军得到优惠，而坚决依赖深入欧洲市场的从业者则受到损害。那些搞开放式经济的欧盟小成员国有可能成为这场滑稽剧中的“火鸡”，其证据是，寻求保护和植根于民族地域的呼声开始得到响应。

奥巴马计划

有的人经常引用名为“复苏与再投资法案”的奥巴马计划，认为它表明另外一条道路是可能的。这个奥巴马计划真的是一个应当学习的榜样吗？的确，这是一个统一的计划，而不像欧洲那样有27个国别版本。此外，正像我前面所述，这个计划所动用的资金达7800亿美元，比欧洲所有重振计划的金额总和还要多。但该计划仍然是典型美国式的，完全出于美国对经济的构想。无论是积极的方面还是值得商榷的方面，都是如此。

让我首先评论一下该计划主要的积极方面。这个计划的出发点是纠正美国社会固有的缺点，对此我们应当高兴。消除近几十年来美国不断扩大的贫富差距是再紧急不过的事情了。减少美国天文数字的军费开支，增加对最贫困人群的补助，加大对医疗保健的投资，这些都是完全正确的。在上述开支方面进一步考虑人民所拥有的财力，这也是合乎情理的。该计划还有一个非常积极的方面，就是增加对艺术创作、公路建设、水利疏浚、可再生能源的投资。我们几乎可以宣称，奥巴马计划正使美国社会朝欧洲社会方向转折。这是一条走向不仅是自由的而且是互助的社会的道路。这样的社会更加重视人民所拥有的财力，努力在自由和富有创造力的市场与提供保护和最低可靠性的社会之间寻求健康的平衡。欧洲大体上是享受着这种平衡，尽管还存在不少空白。美国却始终没有这种平衡。

除了“复苏和再投资法案”之外，美国新政府坚决地做出全部努力来打破房屋抵押贷款方面的恶性循环，这也是积极的方面。如果总是把无力偿还借款的人们逐出他们的房屋，让银行把它们重新卖掉，而房价于是继续下跌，这种趋势只能使更多的家庭和银行陷入困境。现在美国政府出面直接帮助重新注资或延长抵押贷款期限，允许法官修改借款条件以降低每月还款数额，希望以此结束恶魔般的怪圈。此举所需的费用总计达 2750 亿美元。

最后，美联储也没有袖手旁观，而是全力投入到这场战斗中去。首先，它迅速地降低了短期利率。现在由于利率已降到零，这把武器刀锋已钝，美联储就开始大量收购国库券和其他债券，目的是把长期利率也降下来。为了使经济回到正常的增长轨道，可能必须要有好几次这样的收购浪潮，每次都应收购至少 1 万亿美元的债券（包括债券、流通券、房屋贷款担保证券、汽车贷款、信用卡账单等）。这些钱将反过来被投入到经济中去。所有的分析报告都一致认为，这样的行动需要至少 1 万亿美元才能使利率降低一个百分点。

至此，我们就要来谈谈美国行动的阴暗面了。奥巴马计划将把美国推向新的债务高峰，而目前美国的债务之高已经使其不可承受了。这与欧洲债台高筑的情况一样。美国 2009 年的预算赤字将达 17500 亿美元，占国内生产总值的比重超过 12%。美国政府的负债率将提高到占国内生产总值的 85%。至于美国总体负债率（个人、企业和政府的债务总和），则将很容易逼近国内生产总值的 400%。这一庞大的债务越来越依赖于中国盈余的支撑。中国外汇储备中至少有 1 万亿美元是美国国债和其他由美国政府担保的债券。在这样的情况下，政治领导人拉响警报难道还有什么可奇怪的吗？温家宝总理在 2009 年 3 月中旬曾说："中国作为美国债务的持有者，是对美国所有债务安全感到不安的一只小鸟。"这正是美国方法的致命弱点所在。当前这场大危机就是由于以不断增加借款来刺激经济增长所滋生的。可是现在美国又在借更多的钱来重新启动经济，而这些债务又主要是向外国筹借。这样的技术是可行的吗？美国消费者在这样的危机背景下难道会放手解囊吗？他们是否会像日本那样更加缩紧开支？无限增加的债务将来怎么办？谁来偿还？限度在哪里？如果经济重新振作起来，应否担心会出现新的过度滥用、新的泡沫和新的灾难？美元会怎么样？美元是否会在美国同其他国家日益增加的巨大贸易赤字的重压下逐渐下滑？在通胀重新上升或者不上升的情况下，还有可能避免美国人民的大量贫困化吗？这些都是谁也弄不清的事情。

一个世界性的举措

有一件事情是肯定无疑的，即光靠奥巴马计划是不能挽回局势的。作为单独和孤立的计划，它不可能使世界范围的经济得到重振。人们应该做的是把世界各地的更大努力集中发挥出来。要在各国、各大洲都实施大规模的资金重注，包括欧洲、“金砖四国”、其他新兴市场，也包括很可能成为被遗忘角落的发展中国家。在所有国家使用的方法都应该是一样的。对发展中国家来说，不少国家出现的快速发展不应受到损害，加纳、博茨瓦纳、尼日利亚、乌干达、肯尼亚、赞比亚、莫桑比克，可能还有塞内加尔，都正跻身于“新兴市场”行列，这一势头现在不应停止。在“金砖四国”以及日本，应该激励每个家庭在短期内把其储蓄转化为补充的购买力。在欧洲，由于其债务如同美国和日本一样堆积如山，人们不应过分注重短期形势和驱动家庭购买力，而应注重长远发展和构筑未来所必要的投资。在任何情况下，都不应把投资用于维持过去所犯的错误以及那些毫无前途的企业。这里提出的警告肯定不是多余的。实际上，欧洲正快速出现一种倾向：有些处于困境的企业已经属于工业遗产之列，但人们仍对之采取保护态度，试图延长它们的寿命。有的人经常说："我们不是已经挽救了许多银行吗？那为什么就不能挽救钢铁企业和汽车制造业？"回答很简单：一个国家不能对银行破产听之任之，银行的消失将会引起连锁反应，将会把其他金融界或非金融界的受害者拖入深渊。银行提供或借予资本的对象主要是那些健康状况良好的企业，但非银行、非金融界就不是这种情况，甚至完全相反。人为延长这些亏损企业等于浪费资源，也等于竞争的严重扭曲，对健康的企业有害无益。

换句话说，欧洲应坚决地避免采取纵向工作方式。相反，它应该采取横向处理问题的做法。汽车工业特别是通用公司的困难就是一个很好的例子。纵向行动的固有危险在于分别提供支持的结果只能是继续维持那些已经过时的、管理不善的、事实上应该消失的企业。这是对我们已经少得可怜的资源的巨大浪费。横向行动的好处在于可以进行面向未来的投资。对汽车制造业来说，这就意味要把钱投给那些把主要精力集中于赶超丰田的企业，那些致力于在几年内生产出油电两用或氢气发动机的企业。让我说得再明白一点，我们不应通过国别救援计划，把钱用于维持那些组装过时品牌的企业的生命，而应把钱投给那些正在研发用于未来汽车的设计、技术和零配件的数以百计的中小企业甚至大企业——在这方面企业规模大小并不重要。

第五章　欧洲的时刻

1944年，当欧洲大陆仍然战火纷飞的时候，欧洲就已经在布雷顿森林会议上最终放弃了对战后世界的主导权。这次会议是在美国举行的，这也并非偶然。具体地点是在新罕布什尔州布雷顿森林市位于自然美景深处的一个豪华旅馆里。在这个远离战争暴力的地方，来自同盟国的44个代表聚集一堂，目的是为走出战争废墟的世界规划蓝图。在当时背景下，所有因素都让人们预感未来世界经济将由美国主导，而不再是由欧洲主导。从那里起，美国的理念就占了上风。布雷顿森林会议的结论不仅具有重大意义，而且决定了世界在20世纪整个后半叶的命运。

大西洋秩序的终结

布雷顿森林会议的最终较量是在美国和英国之间进行的。最后一次代表英国的梅纳德·凯恩斯坚决主张多边世界的构想。这一构想的基础是建立一个单一的超国家银行，它对各个国别的中央银行扮演世界中央银行的角色，同各国中央银行对其他商业银行所发挥的作用一模一样。这个世界银行将拥有中央银行所必有的一切工具，其中包括发行名为“班克尔”的货币，以避免由某一个国家的货币对其他货币实行霸权。这些建议被美国人所拒绝，华盛顿不想听见有人谈论什么超国家金融权力机关。最后建立了两个机构：其一是负责稳定汇率的国际基金，也就是后来的国际货币基金组织；其二是负责重建和发展世界贸易的国际银行，即后来的世界银行。这两个机构都处于事实上的美国霸权之下。美元而不是超国家的“班克尔”成为战后贸易结算的基准。从那时起，英国就在各方面臣服于美国的领导。“如果你不能打败对手，那就归顺之”。英国与美国一道对伊拉克开战只不过是这一理论的最新体现，而且肯定不是最后的体现。至于大陆欧洲，由于在战争中经济受到如此大的削弱，以致在布雷顿森林谈判中未能发挥任何重要作用。它只是被动地眼看着美元和美国夺取了世界经济的领导权。

三年之后，当人们明显看出欧洲将永远也不可能靠自己力量实现复兴的时候，美国人抛出了大规模援助欧洲的计划——马歇尔计划。起初，这一援助建议是向所有受到战争洗劫的欧洲国家提出的。但是莫斯科拒绝了这一建议，因为它认为其中隐藏着美国人想要把自己的模式随后强加给整个欧洲大陆的企图。最终参与该计划的有 16 个国家，包括战败国德国，它们得到的美国援助高达 130 亿美元，为期 4 年。这个数目在今天相当于 1250 亿美元。

此后又过了两年，在 1949 年 4 月 4 日，12 个欧洲和北美国家签订了北大西洋条约组织（北约）的成立协定。从此，西欧国家把自己的安全交到了美国人的手中。鉴于两年前冷战已经开始，西欧国家的这一反应是完全可以理解的。北约的建立既是欧洲国家要求的结果，也是美国人提出构想的结果。当年比利时外交大臣亨利·斯帕克在第三次联合国大会上的讲话措辞无疑最忠实地反映了当时笼罩在欧洲的气氛，他说："我们感到害怕。"这种感受一直延续了整整40年。即便在柏林墙倒塌和苏联帝国解体之后，欧洲人也几乎未采取任何措施来承担自身安全的责任。在最近的巴尔干战争中，还是不得不由美国进行军事干预来恢复那里的和平。起初是在波黑，后来是在科索沃，美国人在这些冲突中对塞尔维亚发动了空中打击，以制止种族清洗。欧洲人对恢复欧洲领土上的秩序完全无能为力，每次都把大部分工作留给美国人去做。直到最近几年，欧洲人的方向才开始有所扭转，欧盟朝建立欧洲军事力量的目标迈出了羞羞答答的几步。欧盟违心地组织了几次境外行动，先是出兵巴尔干，不久后又出兵黎巴嫩、非洲和阿富汗。

布雷顿森林协议、马歇尔计划和北约组织一直是美国军事力量监管下的"大西洋欧洲"的试金石。相反，"大陆欧洲"却在斯大林的镇压下消失了。雅尔塔和波茨坦会议把大陆欧洲流放于历史教科书之外了。美国同苏联争霸又使后者进一步把欧洲大陆揽在自己的怀中。如果不是发生了两件事情，欧洲可能会继续被柏林墙和铁幕分而隔之。这两件事就是共产主义在苏联及其卫星国解体和一小部分欧洲政治家梦想建立一个统一的欧洲。这些政治领袖心里明白，欧洲民族国家的光荣时代已经一去不复返。在统治世界舞台近两个世纪之后，欧洲只有把力量团结起来才能看到前途和发挥影响。今天，在大西洋欧洲重生 65 周年之际，我们再次面临一个转折点，而且是具有同样意义和类似活力的转折点。所幸的是，这次没有二次大战那样的悲剧伴随而来。

当前的金融危机也是全球化遭遇的第一场危机。无论人们怎样猜想，它肯定会改变世界的面貌。它将使世界真正脱胎换骨，同 1944 年的情况一模一样。半个多世纪前，欧洲处于毁灭、分裂和筋疲力尽的状态，不得不拱手让出自己的命运。现在欧洲人重新掌握自己命运的时刻来到了。就像二次大战迫使我们超越自己、促使我们最终走向合作一样，这次危机也应当激励我们实现新的跃进。它应当发挥磁场的作用，使我们向一条新的、更高级的道路加速前进。综上所述，在以美国模式失败为特征的金融和经济危机背景下，欧洲和欧元区没有别的选择，只能带头致力于建设和发展另一种世界。

美国的危机

实际上，不管从哪个角度来观察，当前这场危机就是美国的危机。它在很大程度上是由盎格鲁－撒克逊模式失败所导致的。这不仅仅是因为“次贷”和证券化的滥用来自美国和英国，而且因为这次危机是这两个国家在近 25 年来积累了巨额债务的直接后果。家庭不论穷富，企业不论大小，政府不论中央还是地方，每个人都在用借来的钱进行投资、采购和开销，而其中大部分是从美国以外的新兴国家借的，特别是中国。因此，从今往后困扰整个美国经济和社会的问题将是十分严重的：贸易结算逆差巨大，预算赤字高达 12%，公共债务在几年内超过国内生产总值的100%。在这一背景下，美元出现结构性疲软就毫不奇怪。如果说我们不能低估美国经济快速恢复的能力的话，美元却似乎已到达其极限。再像1987和2001年危机时那样刺激经济的做法已不可能。财力不够，意志也不够——我们希望不要有这样的意志。继网络经济泡沫、房地产泡沫和金融泡沫之后，美国的决策者不大可能让自己再次在同一块岩石上触礁。尽管我对此并不完全放心。美国人太热衷于邀请各国都增加公共开支来帮助世界经济逃出激流。这一方法的确可能重新点燃马达并对其经济有些十分短暂的帮助，但却丝毫不能解决它的结构性问题。我们只能命中注定地等待一个新的泡沫、一次新的崩溃，或者更严重点，一次由于美元垮台而出现的致命脑溢血。

不管怎样，美国需要对其经济进行结构性整顿清理。不仅如此，它还需要对其整个社会加以改革。在一定意义上，美国人需要改变自己的生活方式。需要多一些储蓄，少一些消费。从长远看，美国要克服危机，就必须耐心地改革和恢复被自己打破的平衡，而不能再以格林斯潘为榜样，向经济注入大量的流动资金。美国应该从逐渐减少社会各界所过分积累的债务入手，特别是要把储蓄率恢复到接近正常。这不是一个轻而易举的任务，但是正如我曾说过的那样，美国在历史上已多次表明，它是有能力对重大挫折做出反应的。美国新总统的计划当中肯定包含朝正确方向努力的措施，这些干预有助于整顿经济结构。然而，不管美国的努力多么巨大和深刻，它还不足以独自克服这次世界危机，必须由世界各国同时一道做出重大努力。简而言之，人们还远远不能确定，富有的美国消费者独自一家就能把世界拉出当前的泥淖。美国早已不那么富有了。它现在所拥有的是债务，是还本加付息。

“新兴市场”的贡献

中国、印度、俄罗斯、巴西和其他“新兴市场”能够担当起决定性的角色吗？它们在过去10年中的崛起是令人刮目相看的。比如，中国在不到30年之前还是一个贫困人口最多的最不发达国家之一，直到1978年才走上市场经济道路。一系列省份被允许在国家计划指导方针之外建立类似台湾那样的出口保税区。于是中国首次出现从未有过的经济增长阶段，平均年增长率达到10%。从那时以来，中国的财富增长翻了两番，并在2002年成为世界第二大经济强国，仅居美国之后。中国的外贸30年来也持续增长，有时增幅高达35%，从而在2004年成为世界第三大贸易强国，在它前面只有德国和美国。几年没到中国访问的人都会被其翻天覆地的变化所震撼。但是，不要以为这一奖章没有反面。中国的政治体制改革还未完成，它还面临严峻的环境问题。

印度的崛起是近几年的事，但其变化同样非常巨大。它直到1996年才摆脱计划经济，走向经济自由化。经济年增长率由5%上升到10%，经济财富在10年之间翻了一番。但是这一财富掌握在少数人手里。由于中国的快速发展，现在印度成了贫困人口最多的国家。不过，如果用百分比来表述的话，印度的贫困人口也在快速减少。

俄罗斯作为苏联的继位者，直到不久以前还没有真正享受到经济繁荣。在苏联帝国解体之后，这个国家的经济是每况愈下。在1990至1998年之间，它的国内生产总值下滑了一半，这是在和平时期一个国家遭遇到的最严重下滑，唯一的例外是美国在大萧条时期的经济下挫。从1999年起，俄国经济重新步入快速增长的轨道，年增长率在6%和7%上下。这一增长主要得益于经济自由化，特别是得益于丰富的石油和天然气储备。

巴西是南美洲的大国，不仅幅员辽阔（面积居世界第5位），而且人口众多（将近2亿）。从1965年起，巴西实现了长达15年的经济奇迹，增长幅度有时高达9%。之后，巴西经济有几年出现萎缩，直到世纪之交才重新复苏。从此巴西逐渐进步，跻身于世界排名榜的第10位。鉴于其国土面积大、自然资源丰富，并且富有创造精神，巴西必将继续是拉丁美洲的火车头。

现在“金砖四国”的经济继续保持较高增长。但我们也不能不看到，中国、印度、俄罗斯和巴西无论在经济上还是在金融上都受到危机的强烈冲击。它们的出口下滑，来自西方的投资减少。此外，这些国家要想在未来几年确保改革能以巡洋舰的速度发展，就必须维持相当高的经济增长幅度。中国就是一个很好的例证。它在过去几十年中实现了两位数的增长，但今天已不再如此。2008年年底中国的经济增长率回落至6.8%，而大多数观察家认为这一增长率还将进一步下降至6%以下。正是为了避免这种局面，中国政府在危机刚出现时就迅速决定采取一系列令人瞩目的措施，其金额相当于国内生产总值的

14%以上，高达4万亿元人民币，相当于5800亿美元或4600亿欧元。实际上，中国维持高速增长是必不可少的，只有这样才能消化几千万从农村奔向新的工业和服务业经济的移民。中国政府想要达到的经济增长目标是8%，希望以此为劳动市场上的新来者创造较多就业岗位并维持社会安定。只要中国向工业化和服务业经济转型的过程没有结束，它就不可能把自己的潜力充分运用于重振世界经济。

也许我的看法过于图表化，但世界经济的地图显示，现在只有4个地区或组织有能力使我们走出死胡同，这就是美国、“金砖四国”、欧洲和日本。关于美国，正如我已经说过的，占美国人口一半的中产阶级负债已如此严重，他们已因借贷而变得相当贫穷，人们很难期望他们会提供必要的推动力。“金砖四国”还没有形成规模的中产阶级。不错，那里中产阶级人数正以难以置信的速度增长（每年7千万人），但他们仍然居少数地位（在印度占总人口的20%，在中国占40%）。此外，由于这些中产阶级刚诞生不久，他们还极为谨慎，从储蓄率居高不下即可看出他们的态度。日本的确拥有一个广泛的中产阶级，但是20年来暮气沉沉。而且日本有80%的财富集中在人们称之为“非消费者”的手中，也就是那些年纪超过60岁的男人们和女人们。

剩下的只有欧洲了。欧洲统一市场拥有超过4.9亿的消费者，他们持有大量资本。中产阶级占那里总人口的70%至75%。那里的储蓄率平均为11%，从国别看，储蓄率最低的是英国，仅为可怜的2%，而西班牙为11%，意大利为14%，法国为15%，德国则接近17%。这些储蓄率虽然低于新兴市场国家，但远远高于美国。美国的储蓄率就像太阳下的积雪，越来越少。欧洲的公共债务尽管有增加的趋势，但还是低于美国。欧洲的贸易和预算大体保持平衡。最后，欧洲还拥有新的货币——欧元，这已使得一些成员国避免遭遇金融困难，甚至避免了瀑布式的大幅贬值。很明显，除“金砖四国”之外，人们主要应当期望欧洲来为实现经济重振做出决定性贡献。不过，同样明显的是，欧洲各大银行的巨额债务继续沉重地压在欧洲身上，就像同样多的达摩克利斯剑悬在欧洲头顶。

欧洲标准

如果说欧洲可以在这场危机面前充当排头兵，还有第二个足以服人的理由，这就是现在需要尽快建立新的金融市场规则框架。对于我们需要克服的问题来说，欧洲构想——我称之为“欧洲标准”——所提供的回答比盎格鲁-撒克逊的措施更准确。“当前的溃败的大部分根源正是来自盎格鲁-撒克逊的措施”，这一说法肯定不是夸张。《金融信息国际标准》尤其如此，它不像是真正的规则，而更像是资讯原则。它允许使用最后只产生非常空泛结论的评估做法。看看作为这些标准基础的“以市值计价”原则，就可以解释为什么许多金融机构很快陷于困境，而且其速度超过实际业绩使人做出的预测。1933 年的《格拉斯-斯蒂格尔法案》在 1999 年被取消也是如此。此举允许银行重新把传统的金融业务即储蓄与借款同投资等风险大得多的活动结合在一起。不言而喻，当出现金融困难和破产时，这些风险大得多的活动会把银行的其他业务也置于危险之中。此外，盎格鲁-撒克逊行为方式还表现在 20 世纪 80 年代来自美国的金融创新工程上。他们以计算机模拟和数学模式为基础，引入各种新的风险分析形式，从而对投资决策产生了相应影响。美国摩根大通公司和绍尔公司是率先以此模式运营的大银行和投资基金。到20世纪末期，美国长期资本管理公司最先陷于困难之中。顺便说一下，在该公司管理委员会中竟有两名诺贝尔奖获得者。人们动用了35亿美元才把它拉出泥坑。从那时起，金融创新工程不断超过边界向外国扩展。房屋抵押借款以及其他一些金融产品所蕴涵的风险被一次又一次地反复包装，直到其各种透明性完全消失，并被分散到地球的每一个哪怕是最小的角落。

最后，推动欧洲负起经济重振领导责任的还有第三个理由，那就是欧元区。作为最大和最强的货币区，它应当向金融市场和其他货币区宣示自己的模式。就像布雷顿森林会议标志美元统治的开端一样，现在应该举行标志“欧洲标准”起步的第二个布雷顿森林会议。剩下的问题是欧洲有没有能力来扮演排头兵的角色。对此的回答是，欧洲有此能力，但必须要有一个前提条件，那就是让我们尽快发展共同体工具以应对危机。目前我们还没有这样做。我在说这些话的时候丝毫不是想简单地加强欧盟机构在制订重振计划和金融市场规则方面的协调作用，因为这在目前仍主要是各成员国的任务。相反，我指的是欧洲要实施单一的、共同的战略。我们在欧洲没有必要去协调那些由各国匆忙制订的和带有一系列保护主义色彩的应付危机计划。协调固然可取，但还不足以解决问题。它不能填补欧洲紧迫需要横向行动模式的缺口，只有后者才能制订和实施跨越国界的共同行动。

世界新秩序

欧洲的横向行动是必不可少的，这样做还有一些超出目前危机框架的理由。几年以来，一个崭新的世界经济秩序已经呈现出来。虽然我们在推算方面应当谨慎，但不管怎样我们可以认定，在 20 年至 30 年之内，世界的面貌将与今天大不相同。中国经济将跃居首位。美国则只能满足于第二位，其国内生产总值仅仅相当于中国的一半。“金砖四国”中的其他国家将分别居第三位（印度）、第四位（巴西）和第六位（俄罗斯）。可以不加粉饰地说，未来举行七国集团会议的地点将不再是柏林、伦敦或巴黎，而是在北京、新德里或巴西利亚。这个集团将没有任何欧洲国家参加，就连日本也将没有位置。这个七国俱乐部中除“金砖四国”外，还有墨西哥和印度尼西亚，美国勉强凑合与之相伴。现在欧洲人最好不要居高临下地看待 20 国集团，因为在 20 至 30 年之后，这将是欧洲唯一可以参加的俱乐部。

这种将要出现的力量对比变化不应当使人吃惊。“金砖四国”既拥有人力又拥有资本。到 2025 年，世界人口将从现在的 60 亿增长到 80 亿，但新增加的人口全部在“新兴市场”国家。至于投资未来所需要的资本，可以这样说，这些国家可为此动用的款项几乎没有极限。“金砖四国”的储蓄率目前已高达国内生产总值的 30%，而欧洲还不到 11%，美国则只回升到百分之几。今天“金砖四国”拥有被称之为“主权基金”的数额已达几万亿美元，这些基金活跃在几乎所有西方国家，在经济的几乎所有领域都攫取了参与权，从微电子到传媒业，港口基础设施建设也在其中。人们估计，在未来的3年至5年内，这四国所拥有的财政手段将增加一倍，甚至会翻两番。长期以来我们认为，欧洲可以靠技术和创新来始终保持领先地位。但这也只是一个幻想。印度、中国和其他新兴国家正在培养越来越多的技术员、工程师和大学毕业生。它们正注册越来越多的专利和许可证。在这方面，他们正以令人眼花缭乱的速度追赶上来。对那些还在怀疑世界新秩序正大踏步走来的人们，我建议他们去看一看街上的招牌，或稍事浏览报纸和杂志上出现的新的大集团所取的带有异国风情的名称：Lukoil（俄国卢克石油公司）、Chinalco（中国铝业公司）、Evraz（俄国耶弗拉兹钢铁集团）、Tata（印度塔塔汽车公司）、Mittal（印度米塔尔钢铁公司）、Ping An（中国平安保险公司）……

还应当预计到的是，“金砖四国”不会满足于经济上的崛起。它们也将在军事和政治上越来越转守为攻。它们会日益寻求被承认为强盛大国并受到（或重新受到）应有的重视。这些国家在追求上述目标时肯定会使用经济武器，请不要相信他们会对此犹豫不决。俄罗斯中断了经由乌克兰转输的天然气运送。中国动用数量巨大的外汇和劳动力“登陆”非洲，以便赢得越来越多的国家的政治友情。所有这些还只不过是开场戏，以后还会更多。欧洲在这个新的世界秩序中将扮演什么角色？这就是我们应当扪心自问的问题。我们还能发挥什么影响？欧洲还能集中多大数量的财富？现在正是重新发牌的时候。应对当前危机的成功或失败将决定我们在未来世界上的地位。不管会发生什么事情，我们对这一点可以确信无疑。

第六章 新的“新政”

在当前形势下，绝对必要的是行动力。那种认为世界危机可能会自行烟消云散的想法是危险的幻觉。这次危机不是我们能够克服的自然灾害。用这样的类比来看待危机是站不住脚的。因为，在某种程度上，人们在自然灾害面前可以自我保护，但是在危机面前，毫不作为就等于事先认同了成千上万家庭的破产、几千万人的失业，以及随之而来的更多疾病、更多冲突、更多难以生存的国家，并将发生更多的战争。

通货紧缩的威胁

通货紧缩以及随之而来的萧条的危险是实实在在的。这个危险还没有被排除。正在出现的情况是价格的螺旋式下跌：由于人们期待价格进一步下降，所以家庭延迟采购，企业也放弃投资，我们的经济因此受害于不断萎缩。通货紧缩是萧条的前期预兆，就像20世纪30年代价格下滑三分之一的情况那样：在价格下跌之后，企业如同多米诺骨牌那样一个接一个地倒闭；经济完全崩溃，使几千万人陷入失业的悲惨境地。

不管怎样，重振经济是必要的，但是必须目标准确，时机恰当。所谓时机恰当，是指我们不能做太长时间的等待，以免通货紧缩形成螺旋。所谓目标准确，是指我们不应照搬老药方，因为它们发挥的是负面作用；也不应套用过去的措施，因为它们正是目前问题产生的根源所在。换句话说，大量借用新贷款并用于在短期内刺激家庭购买力，希望这些款项会被注入到经济中去，这并不是我们应当走的道路。如果这个办法奏效，那么我们将面临出现新泡沫的风险。如果这个办法失败，那么这些新的财政支出将会被个人搁置起来。欧洲大多数国家的储蓄率重新升高似乎表明，这一进程已经开始。这一事实证明，欧洲的家庭所想的不是为眼前而消费，而是为未来而储蓄。

不管怎么说，这两种情况有一个共同点，那就是将导致公共债务大幅度增加，但此举却不能对经济产生相应的价值。这种形势将把利率推向令人眩晕的高度，反过来使经济活动进一步放缓。因此这只能是抽刀断水，徒劳无功。更糟糕的是，它可能成为负面的刺激因素。所以，我们应当对危机进行结构性的治理，而不是权宜性的治理。这既是针对需求也是针对供给。我们不应当只在两者之中选其一，而应当对经济的两个方面都进行结构性治理。

在这里有必要再次回顾日本在近 20 年来的经验。日本经济曾在 1954 至 1971 年连续 17 年以超过 10% 的速度增长，但是在 1990 年的房地产泡沫破裂之后，日本就陷入了金融和经济危机。起初，日本政府反应过慢，从而使通货紧缩乘机形成螺旋。随后，当日本政府开始明白它必须行动时，它却选择了传统的“积极赤字”方法，想以此来使发动机重新运转。但此举未见成效，因为日本家庭出于对未来的担心，都把注入的款项储蓄起来，而不是进行消费。日本经济继续步履维艰，公共债务却不断攀升。这时候日本政府改变战术，开始限制赤字的增加，并宣布了各种压缩预算和提高税收的措施。其结果是灾难性的，本来已经停滞的日本经济陷入更深的衰退。这迫使日本政府再次改变方针。最终，它们的解决办法既非来自刺激措施，也非来自限制措施。在对其银行界全面整顿清理之后，日本经济才开始有所恢复。在此期间，日本政府累积负债大约相当于其国内生产总值的200%，这一包袱就像“飞去来器”一样不断困扰日本，因为这一债务的巨额利息使其不能推行一项走出当前危机的政策。

这样的事情也许不会在美国社会重演，但这不是不可能。数以百万计的美国家庭被逐出住房这一事实可能会使美国政府对是否要冒险重蹈消费贷款和房屋抵押贷款的老路必须三思而后行。然而这是谁也说不准的事。靠贷款生活在美国社会已如此根深蒂固，以致许多美国人对此已形成习惯。这已经是美国的生活方式的一部分。其中一个最重要的征兆是布什前总统和奥巴马总统决定允许美国家庭延长房屋抵押贷款的期限和减轻还款额度。如果人们坚信国家将最终承担安全保障，他们怎么会采取谨慎态度呢？这种见解不仅对借款者适用，对放贷者也同样适用。

无论如何，欧洲的情况与美国根本不同。美国没有一个普遍的社会保障体系，危机的影响会立刻反映在购买力上。在不到一年的时间里，美国的失业增加了一倍。奥巴马计划的“积极赤字”政策对支持最弱势家庭的收入和补贴是必要的，对防止这些款项完全消失也是必要的。在欧洲分配情况与此不同。欧洲秉持了贝弗里奇勋爵或俾斯麦的传统，大多数国家在“二战”后建立了广泛的社会保障体系。失业救济、医疗保险、法定退休津贴等在我们这里是绝大部分由国家保证和分配。欧洲的社会公共开支约占国内生产总值的四分之一。我们几乎可以认定，由于其形形色色的社会保障体系，欧洲才真正拥有结构性的“积极赤字”。这些“积极赤字”在危机和失业严重时期支持了购买力，并把陷入贫困的家庭数量限制在最低水平。这也是为什么我们未提出要为购买力注入额外资金的主要理由。因为我们从各方面论述过，这样去增加购买力只能成为储蓄而不是消费。总而言之，我们应寻找另一条道路，以便既刺激家庭需求，也激活企业供给。

权宜之计还是结构性整顿

不管人们用什么形式提出问题，这样的回答总是对的：只有重新提升生产机器的需求才能克服危机。换句话说，就是要重新实现供需平衡。这是走出衰退和避免萧条的唯一方法。但是，那种认为经济需求只能依赖于家庭购买力，因此应当（人为地）刺激购买力的想法，则是彻头彻尾的错误。我们应当让人们实现这些购买力，让他们将其转化为消费，或者转化为建房和买房的投资。这就需要一个条件，即他们要有信心，主要是对未来抱有信心。如果这一信心坚定，就业前景牢靠，那么他们就会相信自己现在能有足够的收入，在未来也很可能有这样的收入。只有在那个时候，经济需求才不会再遇到任何障碍。

这一原则也同样适用于代表经济供给的企业。对它们来说，对未来抱有信心也是投资的主要动因。我并不是说利润不会发挥任何作用，而是恰恰相反。但企业只有在坚信可以收回投资成本（自有资本或借贷资本）且又可以获得较丰厚红利的时候，它们才会去冒长期投资的风险。

因此，无论对个人还是对企业来说，应当做的是恢复其对未来的信心。这个目标的实现不能靠人为注入新的购买力等权宜性质的紧急措施，而是要靠通过结构性改革建立新的和稳定的经济基础。应当使个人和企业相信，那些导致目前困难（姑且不说是混乱）的政策已经深刻变化，方向已得到修正。应当使他们信服，作为困难原因之一的政府和市场的失误将不会重演。应当使他们确信，新的规则、制度和新的机构将会防止此类事情在近期再次发生。与此同时，应当使家庭和企业看到一个崭新的、有希望的未来。我这样说的意思是，应当通过大规模投资的浪潮，使个人和企业认识到未来的繁荣确实正在建设之中。让我们构建一个富有美好前景的经济，一个可以比目前完全陷于故障的马达创造更多就业和更多财富的经济。这个崭新的经济从各方面来讲都与旧经济有本质不同。它将不再以化石燃料为基础。它将是走向最具可持续性的家园管理。这个摒弃化石燃料的持久性经济将建立在新的原则基础之上，并将采用创新性的方式方法。这个经济将推出新的产品和新的服务。它将孕育新式的需求，从而也将创造新的和持久的就业，当然还有实实在在的购买力。

我们面对一个显而易见的事实：这样的进攻性行动也迫使我们不得不去借贷；但与以前相比有一个根本性的不同。实际上，当我们实行传统的“积极赤字”政策的时候，是将国家的钱注入家庭的口袋里。这样做只不过是延长目前的经济体制，而没有真正开辟变革或改善的前景。相反，采取进攻性行动，我们就坚定地瞄准了长期经济的整顿清理。面对公共债务的不断攀升，我们只能实施可以在未来创造更多剩余价值和更多就业的新的建设性的投资。不断增长的债务不仅将由新的财富偿还，而且将由新的方法来偿还，后者还有助于承受与社会老龄化或气候变暖等有关的成本负担。或者我们继续用目前这架效率低下的、既耗费汽油又耗费机油的发动机来欺骗我们自己，或者我们设计一种清洁的、持久的、油电两用的、废气排放少得多的新模式。这就是摆在我们面前的选择。

进攻性行动

这种进攻性行动具体指的是什么？我们知道它与“积极赤字”的防御性行动的区别在哪里。它不是面向现在和过去的，而是面向未来的。它所瞄准的不是如何坚决维护我们现在所拥有的东西，而是如何对明天的产品和服务进行投资。它不着眼于业已走近的地平线，而着眼于中期和长期。好，下面我们应当解释一下它的内容是什么了。

进攻性行动的特色是有三个阶段的世界战略。第一个阶段是要彻底清理银行和金融机构的运行问题。第二个阶段是要实现所谓的“起跑”，即通过面向未来的大规模投资计划促使经济重振。第三个阶段是加强对我们经济基本要素的监管和保护。

第一项改革，对银行以及金融机构的运行问题必须彻底解决，这是关键。如果没有这方面的干预，家庭和企业的信心恢复是不可能的；而没有信心，就不可能有经济的重振。此外，这一阶段对解冻银行给企业的信贷也是必不可少的。最后，这一干预对银行之间的拆借交易也是至关重要的。为了落实第一阶段的宏伟目标，必须要搞好三项改革：其一是制订新的国际标准和规则；其二是建立新的监管机制；其三是必须对银行和其他金融机构展开全面的资本重组和整顿清理。

新的国际标准和规则不仅应当涉及众多正在流通的新金融产品，而且应当涉及现在不受任何监管的非银行金融机构领域。这个任务肯定不轻松，因为“规则制订者”总是落后于“创新者”发动的战争。所以，我们必须从一个简单的原则出发：任何想要按其在金融系统中的重要性得到救助的企业和个人（包括产品、服务、机构）都必须接受监管。这是避免这些企业和个人在未来酿成过度风险的唯一可行的出发点。此外，目前规则中具有的循环前期特点应当尽可能除掉。至于规则和标准，在未来应注意在设计它们时采纳更多的智慧，例如应当强制在经济景气时期建立安全气囊，以便在经济下滑或回摆时加以利用。

第二项改革是要对金融市场建立新的世界监管体系。要使任何人都不能再逃避这一监管。一定不能再有避税天堂。事实上，如果有40或50个袖珍国家或岛屿不受监管，而金融交易的一半在那里过境，那么组织任何全球监管都是毫无意义的。因此，监管机制不应当在国家层面上运行，而应当在可能的范围内以货币区为主体运行。在货币区之上，应当设立既针对货币也针对金融的国际托管。在这方面，应当重新回到凯恩斯在布雷顿森林会议上极力主张但未被接受的构想。

第三项改革是对金融机构的不可缺少的资本重组。迄今为止，政府只零散地对几个陷于困境的银行和金融机构提供帮助，方法或是注入资本，或是提供国家担保，或是正式实行国有化。但现在极为必须的是要走得更远，为各个货币区制订更宏大的计划，不仅旨在对银行进行资本重组，而且旨在隔离有毒产品。现在的银行还面临一些问题，其原因是银行之间的拆借交易全面受阻，或者是遭到金融机构的（不正当）竞争，因为后者可以在政府手中觅食。

第二阶段是指经济的“起跑”。正如我在上面说过的，这一“起跑”行动不应通过大量增加补助或者减税来进行，而应当通过一个超越边界的大规模投资计划来进行。美国所做努力的规模向世界其他国家提出了一个恰如其分的程度标准，其中也包括欧洲。但相反的是，这样的计划应当主要是努力实现面向未来的转变，使我们从旧的化石经济转向新的持久性社会。这一大规模投资计划所应触发的不是别的，而是重演整整一个世纪之前电被发明时的变革，以及20

年前微电子处理程序问世并为家用电脑、无绳电话和互联网开辟道路时的变革。这些一个接一个的进步使我们的技术能力取得了巨大突破。更为重要的是，它成为经济和社会实现前所未有的发展的发动机。从建立在石油、煤炭和天然气基础上的旧经济向以可再生能源（太阳能、风能、水力、生物能源、氢能）为基础的新的可持续经济的大规模过渡，必须完成同一项使命。这就是要发展我们的能源独立性，并不断减少造成温室效应的废气排放。它尤其应当引入不再浪费原料和毁坏环境的新型生产和消费方式。“持久性”将是新趋势的响亮口号。

第三个阶段所要实施的是，为治愈世界经济，必须重建和保护健康的基本经济要素。世界经济特别是美国经济一直在紧绷的钢丝上跳舞。这一结论也同样适用于欧洲的银行界。债务与资本金的比例长期处于50:1的情况是不可承受的。像美国家庭面临的高负债率与低储蓄率相交织的情况更是不可持续的。我们不能再与这些“集束炸弹”一起生活，它们将在其周围引起瀑布般的爆炸。它们将酿成贸易和结算天平的失衡。于是就会使汇率不稳。说不定明天就会出现通货膨胀，使作为世界储备货币的美元陷于崩溃。如果明天中国不再对美国的国库券抱有信心，那将会出现什么情况？如果美国企业没有外国金融机构帮助，只能靠自己去解决资金需求问题，那将会发生什么事情？如果美国消费者对债务重压之下大量垮台的经济彻底丧失了信心怎么办？这类的重大失衡威胁着整个地球。现在是改变这种状况的时候了，再也不能否认它们的存在了。我们应当在它们造成更多破坏之前就将其消灭掉。

中央银行的角色也应当受到质疑。迄今为止，它们在这些讨论中，包括在目前的危机和战火中，一直处于不可触动的地位。然而这是理所应当的吗？中央银行的任务首先是限制通货膨胀，其次是支持经济增长和就业。通过扩大或者减少货币发行量和决定利率水平的高低，货币当局参与投资及其他信贷条件的确定，并决定经济增长应走的轨道。它们的注意力要全部集中于控制和防止衰退，这是正确的。但另一方面，它们用在防止投机性飞跃发展和投机性泡沫方面的注意力十分有限，而这些东西的破坏力却要人上好几倍。更有甚者，为了全力防止可能的经济衰退，中央银行常常有意把利率维持在过低的水平。以美联储为首的各国中央银行不仅不承认投机性经济增长蕴涵的危险并以利率为武器对之加以扼制，反而倾向于听任增长“出轨”。因此，通过增强透明度和对经济要素的深刻分析来建立快速预警系统是必不可少的。

欧洲的整体力量

只要把上述三个阶段移植到欧洲层面，就足可对欧盟为帮助世界走出危机所应采取的行动描绘出十分清晰的画面。对欧洲来说，克服银行和金融机构持续困难及担忧的最好办法在于建立崭新的、跨国界的欧洲监管机制，找到一个欧洲金融的“守护犬”。同时，欧洲人应当就制订国际金融新标准提出共同建议，这些建议将主要涉及修改关于会计问题的《第二个巴塞尔协定》和《金融信息国际标准》的指导方针。对重振国际货币基金组织来说，把我们的力量联合起来也是必不可少的。最后，欧洲也不能逃脱对自身银行界的秩序整顿。此前欧洲的救助、注资、国有化等行动都是个案进行的，至今对欧洲银行界仍没有任何总体性的清理和资本重组计划。

为了使世界经济重振成为可能，欧洲应当实施一项投资计划。因为，在对银行界采取紧急的、权宜性的措施之后，总是需要在更深层次处理经济衰退问题。这个任务是不可能通过 27 个纵向的和经常是保护主义的重振计划来完成的。我们需要的是单一的、横向的、欧洲的投资计划，是旨在加速从化石经济向崭新的、持久性的经济过渡的投资计划。这些投资应当能够成功地通过持久性检验，能够朝一体化的跨国界行动方向迈进，能够比传统的“积极赤字”方法更好地创造持久的就业和实实在在的购买力。在此阶段，我们必须作好心理准备：与紧急的权宜措施相反，结构性投资是需要一定时间的。这样的措施不会直接产生更多的就业和更多的收入。首先必须把这些投资落到实处，因此必须注意提出可以产生直接影响的项目方案。更为重要的是，必须向人民做详细的通报。人民应当了解投资计划的规模和正在实施的项目方案，以便使这些项目的公布能够改善经济前景并重塑信心。

作为结论，欧洲也应当在未来几年里注意清理并适时加强自己的经济基本要素。这一目标要求有一项与里斯本计划的目标截然不同的战略。与提出没有约束力的目标相反，我们必须执行一项社会和经济趋同政策，其领域将涉及方方面面，如养老金、就业市场、医疗保险，甚至包括人口政策。趋同与盲目和谐毫不相干。欧洲的社会和经济体系太冗杂、太分散。趋同就是要求欧盟各成员国经济都要通过类似的改革朝同一个方向前进，以便加深其一体化建设，同时也增强其竞争力。

第七章　整顿欧洲银行业

一个日本谚语说："银行就像一个晴天借你伞、下雨就收回的机构。"毫无疑问，如今众多的人赞同这一观点。比如美国、西班牙或爱尔兰的一些家庭，（经济危机来临）他们由于无法偿还抵押贷款不得不搬出自己的住房。又比如荷、比、卢三国在冰岛银行的储户，他们眼见其储蓄化为泡影，损失惨重。再比如得不到商业票据的中小型企业，他们已无法支付其日常开支，更要命的是，银行不再愿意为它们的投资提供贷款。只要银行之间的拆借以及银行对企业的贷款不恢复正常，就不可能有持久的经济复苏。因此必须首先重建银行和金融市场秩序，确立新的标准和制度以及新的监督机制。

必须有一系列明确的原则和规定，使这些新标准和制度有效运行并遏制危机。首先，需要在多边、国际或超国家的层面采取行动。金融市场已全球化，单一国家的行动显然已无能为力。产品与金融服务的谈判可在地球各个角落、在几秒钟的瞬间进行，而不必受任何边境的控制。因此制订和实行单一国家制度和监控是徒劳的。我们至少应该在"欧洲范围"内采取行动。这些行动将置于世界框架的控制之下，或至少是在世界范围的监控网络内，以便让所有人遵守严格而统一的标准和制度。其次，必须保障金融产品的安全。举例说，如果今天我的身体有危险，应该告知我。如果我吃的食品不安全，我也应知情。如果我的汽车不符合标准，就应该通不过技术鉴定。同样，我的储蓄或涉及本人款项的事务（无论是直接或间接有关）有危险，也应立即通知我。换言之，我们应该保证贷款、储蓄和投资产品的质量。就像我们要保证奶制品、苹果和梨的质量，并为此贴上“产品合格”标签一样。再次，也是最后一项原则，要重树开拓进取精神。创建财富始终需要个人努力和敢于冒险，这就是开拓进取精神。而现在这种精神已逐步丧失，开拓进取经常成为派生和攫取短期利润的代名词。真正的开拓进取与此恰恰相反，更需要重视规划和投资，更注重长期而不是短期行为。

建立《欧洲金融监督机构》

倘若我们将上述预定原则用于欧洲新的监督机制，那就只有一个选择：建立一个与欧洲央行平级或置于央行之下的独立的金融调控机构，即“欧洲金融监督机构”。它是否与欧洲央行平级或受央行领导，并不重要。首要的是它要拥有一个服务于欧盟或欧元区的独一无二的“守护犬”，而不是再建一个协调各成员国监督组织的机构——这样的机构已多如牛毛。因此，目前欧洲机构根据拉罗西埃小组结论提出的设想是不够的，而主张这些设想的理由同样是有争议的。倘若我们继续把以国家市场为目标并主要拥有本国客户的银行和金融机构，同其他完全以欧洲和国际市场为目标的银行和金融机构区分开来，那么欧洲机构就回避了招致目前经济危机的实质问题。任何一家银行、储蓄所、养老基金或保险公司，即使其规模很小且完全置根于地方社团，但其经营业务仍可超越国界。客户可能并非如此，但他们的资产投资和储蓄管理确已越境，而后两点非常重要。正是需要针对这些活动来修改规则和建立监督，以便在出现意外情况时控制风险。

还应考虑到第二个危险。倘若将国家层面与欧洲层面严格割裂，做出的决定将产生更为严重的后果，那就是统一市场的瓦解，这一现象已经出现。发生经济危机后，一些银行将主要业务转向本国市场，那些被完全国有化的金融机构同样如此。目前欧盟的决定更加剧了这一趋势。将业务转向国内意味着将由本国的、知名的、家族的机构来监督。换言之，这里所指示的路使人更热衷于在本国活动。但实际上，欧洲若建立这样的体系，等于是搬起石头砸自己的脚。此外，那些转向国内市场的银行效益是否会改善，还有待观察。反之，唯有欧洲金融“守护犬”才有能力保证实施可靠而协调的监管，保证实现欧洲金融市场的统一。

完全没有必要再建立一个以法兰克福或布鲁塞尔为中心的超级机构。就像目前欧洲央行范围内的国家银行一样，国家监管机构可转变成欧洲金融监管机构的地方部门。至于那些小银行，它们最适合成为就地收集有关信息的“分支机构”。因此，它们可在欧洲金融监管机构的领导和监督下工作。

剩下的是需明确欧洲金融监管机构的确切任务。首先，是在国际大政方针范围内，特别是在世界货币基金组织和巴塞尔委员会范畴内，调节和监督金融市场。同时，该机构还将审查金融产品是否符合国际规定的质量要求，并为欧洲金融行业的评估机构颁发许可证。最后，欧洲金融监管机构与欧洲央行一样，应密切注意金融市场宏观经济的发展，并实施宏观调控。也就是说，欧洲金融机构应注意预测趋势，预防发生出轨现象，而不能像近两年那样，没有任何国家或国际监督机构真正发出过警告。

国际新标准和新规则

金融市场是世界性的，应遵循的标准和规则显然也应该是世界性的。因此欧洲无须把自己有别于世界其他地方的标准和规定强加于人。重要的是欧盟要当领头羊，应该有信心彰显自己看待事物的方法和构建世界的理念。我们已明确说过，造成目前危机的诸多国际规则（有时是因为缺少规则）是在盎格鲁－撒克逊人的影响下制订的，比如“以市值计价”的原则，以及完全缺乏对“投机基金”的监管。

我们可以列出一长串需要制订的新规定清单。比如一些部门过去没有任何规章制度，或只有国家指令，这样就造成各行其是，或者造成规章制度的分割。现在那里就需要建立新的规章。在金融方面，规章制度上的缺欠会很快成为规章制度上的真空，因为经常有些国家利用规章制度的漏洞来获得竞争优势。此外，需要改进现有的规章制度（如《第二个巴塞尔协定》和《金融信息国际标准》），这些制度经常产生不良影响，弊大于利。

总之，需制定的一整套新标准应涉及以下方面：(1) 确保银行的流动资金；(2) 准确地评估借贷人的偿还能力；(3) 规范金融产品(以及“信贷违约互换”)；(4) 对非银行性金融机构（特别是投机基金）的监控；(5) 改革财务会计和监管标准，尤其涉及储备方面的债券。这些债券将来会根据我们处于经济增长或衰退的时期而有所不同，或根据投资目标的情况而有所不同（投机资金将继续根据市场价值设立自己的账目，而养老基金将继续实行内在价值）；(6) 对期货以及能源和原材料市场的准入制定规章；(7) 对评级机构制定新的规章。

对评级机构进行干预很有必要。首先必须排除它们业务中的利益冲突。它们的报酬应根据它们提供的服务，由订阅其信息公报的用户来支付。应禁止它们从让其做金融产品评估的银行、企业、机构或公共组织那里融资。出于同样的理由，这些机构的业务应分开，它们不能同时协助发展投资产品，又进行质量评估。

最后，应该弄清楚：彻底取消商业银行与投资银行之间的区分之举是不是一条正确的道路。直至1999年，美国还有这一区分。可能保留这种区分更妥当些。这样，储蓄银行和商业银行都各有一套规章。传统储蓄银行将不再可能对其客户瞒天过海，把自己的债务进行“包装”，然后将这些债务引向投机市场。同样，投资银行也不能通过储蓄银行提供的短期贷款来为自己大肆敛财。只有这样，才能避免信贷和资金流动危机。

与避税天堂作斗争

世界上存在许多避税天堂，这也属于新规章和新标准需要加以约束的对象。这并非意味不允许它们利用更为优惠的价格，而是必须提出一套机制，使它们像其他国家一样，置于严格的、统一的规章约束和监控之下。

确实，我们不能低估这些避税天堂的重要性。经济与合作发展组织在世纪交替时发表的报告中引用了一份有 35 个避税天堂的“黑名单”，大部分在近海小国和岛屿，其中 18 个在加勒比，7 个在欧洲，包括马恩岛、根西岛、泽西岛、安道尔、直布罗陀、列支敦士登、圣马力诺和摩纳哥。7 国集团的文件列出了 42 个国家和岛屿。总部设在伦敦的国际税务协会网络甚至列出了 72 个国家和地区。该协会认为，这些避税天堂每年让政府损耗 2000 亿欧元。这还不是最主要的问题，更严重的是，这些天堂并不满足于税务优惠，它们对规章制度置若罔闻，更谈不上接受监督。据统计，所有金融交易的一半经由这些岛屿和小国完成。几乎所有大型金融机构都在上述地方设有一个或几个部门来管理交易。因此有毒产品涉足世界也就不足为奇了。此外，如果一开始就不明确将这些金融和避税天堂置于新的世界金融市场监督框架内，那么我们设想建立这一新框架就毫无意义。倘若如此，还不如别去白费力气。

欧洲银行业的资本重组

雷曼兄弟公司破产后不久，所有欧洲银行几乎都要爆炸了。银行之间的不信任度达到了历史顶峰，这一点从银行间利率与无风险利率之间的利息差幅即可看出。2007 年夏季之前，这一差幅只是几个基本点。雷曼公司倒闭后，差幅一下子达到 200 个基准点以上。银行之间的互相借贷戛然而止。即使期限低于一周的借贷业务也是如此，危险确实太大了。政府与央行不得不大量干预。央行为经济注入巨额流动资金，大幅度降低利率，并为银行打开方便之门，让其通过为非流通证券提供担保和保证接受次贷资产的方式来获得钱款。政府方面则保证发放新的钞票，以促使投资者和银行之间重新互相借贷，当然这些都由政府作担保。欧盟成员国竞相承诺投入总计 2 万多亿欧元。同时，成员国还为一些银行注入新的资本金，承诺总共投入 3000 亿欧元以弥补不可预测的损失，其中约一半以发放新股票、优惠股票、附加贷款和债券的形式投入。成员国还以高于市场的价格向银行购买非流通资产，或在亏损超过规定的限度时，确保这些资产免受损失。

应该说，上述大量的政府干预使银行业得以摆脱全面崩溃的幽灵。利息差回落到 100 至 150 点之间。但显然，银行始终未发挥应有的作用，欧洲银行业内的信心依然不振。为了重树信心，不仅需要采取一系列短期的应急措施，同时也需要在欧洲层面制订强有力的、协调一致的资本重组计划。该计划不应只针对诸如流动资金短缺等危机的症状，而更应治本，即解决银行之间缺乏信心的问题。

为了恢复银行之间的信任，有必要实施和发布一项分三步走的相应计划：第一步，加强信息透明度，公开欧洲 40 家最大银行在衰退严重时期遭受的损失。至今还没有这方面的可靠和确切信息。第二步，在“抗压检测”的基础上，将银行分为三类：第一类是相当坚挺者，它们无须公共资助，即使在衰退时期也是如此；第二类是需要公共资助来弥补可能的损失者，但其管理模式基本上是好的；第三类是必须依靠公共资助者，因为其管理模式已不可行（比如只依靠短期金融市场）。计划还应致力于为信誉好的银行重新注入资本，对于信誉差的银行进行出售，必要时予以有序清理。要注意引入一种机制，使需要帮助的银行对无须帮助的银行进行补偿。第三步，也是最后一步，要让政府、股票持有者以及必要时那些负担沉重的债务人三者都各自做出必要的努力。

目前还很难精确估计这一计划需要多少亿资金。但几个数据能让我们对这一任务的巨大规模管窥一斑。欧元区注册的银行财产总计 25 万亿欧元，几乎是欧元区内国内生产总值的两倍。据估计，累计损失占国内生产总值的 10%。至今被剥离而列入资产负债表的还不到一半。总体讲，欧洲银行面临的债务和高负债指数比美国银行还高。美国金融机构的总债务估计相当国内生产总值的 120%，而欧洲金融机构的债务超过 250%，是美国的两倍多。

不论怎样，瑞典的成功经验和日本的反面教训表明，我们不可避免地要制订这样一项计划。瑞典在经济危机发生后，银行领域立即通过我们目前所说的方法进行了整顿，因此经济很快复苏。而日本则相反，一直等到2003年，即过了10年才使一切恢复正常。这期间，其经济一直缺乏活力。然而，拯救欧洲银行业耗费甚多、任务重大，不可能让成员国单独承担。因此欧洲有必要采取共同行动。我们必须避免国家拯救计划或整顿计划造成内部市场的分裂或威胁到公共金融稳定。唯有欧洲规模的行动才能使足够数量的坚挺银行继续活跃在结构健全的金融市场。

显然这绝非易事，但舍此别无出路。

清除不良贷款

倘若我们希望资本重组成功，我们应同时努力清除有毒产品。这项工作不做好，恢复市场信心不可想象。信心不恢复，对有毒产品的担心总是挥之不去，发放贷款就不可能恢复，金融市场的其他一切正常活动也不可能恢复到原先水平。

在美国，这种“大扫除”是通过一个私营部门管理的基金来进行的。这一基金价值不低于1万亿美元，该管理部门本身还带来300亿的有限金额。由于有了这一金额，人人都希望基金管理负责人的利益与政府利益并行不悖。无论如何，人们期待彻底排除过度的风险。亨利·保尔森在其前任决定的银行资金再积累基础上，启用了他的一项3500亿美元的困境资产救济计划。而新任财政部长蒂莫梯·盖尔纳也决心让市场摆脱不良资产和可疑贷款。

欧洲人是否应效仿盖尔纳的这一计划？任何一个观察家都很清楚，账单的大部分将由纳税人承担，而赚钱的是那些基金管理部门。此外，计划的公布引起股票市场的亢奋。当然也可考虑其他解决办法，比如建立一种“不良”银行，负责购买所有不良资产，使这些不良资产与优良产品和优良贷款分离。通过成立这种银行，我们可对其他银行的资产负债表进行清洗，并最终遏制住恶性循环——亏损的不断上升和银行间交易的减缓。运作良好的银行可重新专注于为个人和企业发放贷款的本职工作。“不良银行”则负责收集不良资产，以尽可能获取最基本的价值。须明白，建立一个“不良银行”并非易事，不会没有风险。哪些属于不良资产？其价格如何确定？这些资产在市场确实停滞时的价值是多少？确定价格至关重要，因为这项工作的目的就是避免让纳税人来全部买单。总之，建立“不良银行”需要巨额公共基金。据估计，德国需5000亿欧元，法国1000亿，比利时700亿。

我们也可以采取相反的策略——建立“好银行”。将所有良性资产——非不良贷款——投入新的实体，其他资产留在“不良银行”——这些银行将来可能会倒闭。这种设想的最终结果是整顿好市场。建立“好银行”的最大优点是，评估良性资产比评估不良资产容易得多。但是，不利之处是会引起一系列倒闭，可能会动摇整个金融基础体系。此外，还存在折中解决办法，可设想由政府来购买某些银行的部门，条件是损失——在排除了价值过低的资产后——由纳税人和股票持有者来承担。但市场相信不良贷款将因此消失吗？我们若采用日本模式是否会有风险？也就是说我们确实清除了大部分不良贷款，但并未重树信心，因为市场对是否彻底清除不良贷款依然持怀疑态度。

因此，没有一个解决办法是决定性的或不存在风险的。但对欧洲而言，建立“不良银行”也许是最佳办法。这有两个条件：第一，私营部门需介入这类银行的管理。它们可在管理中发挥其才能，以此换取回报，这种回报取决于它们对不良资产所能获取的最佳值。第二，已摆脱不良贷款而重新成为“好银行”的银行，必须将未来实现的新利润让出一定的比例，只有这样才有可操作性。同时可预防不利于“好银行”的不公平竞争——这些银行之前表现出应有的谨慎，没有购进不良贷款。当然，这一让利比例应合理，不应使“整顿好”的银行之正常收益受到影响。无论如何，纳税人不应独自承受这一整顿的负担。这一解决办法将与过去决裂，控制风险，并重树市场信心，至少我是这样认为的。这一解决办法需投入相当大的财力，就像进行资本重组那样。这是一项需要我们从欧洲层面联合一切力量才能完成的行动。

除进行清除不良贷款和部门资本重组这两项工作外，肯定要进行第三项工作，即建立专门的法律体系，赋予银行督察员以必要的权力，使他能够在人们认为银行已丧失偿还能力之前，及时、有序、果断地对银行进行财政方面的结构调整。英国和奥地利已经这么做了。显然，在此方面制订欧洲统一规章（而非 27 个不同体系）是明智之举。若是 27 个体系，其结果将瓦解整个欧洲金融市场。

更广阔的货币区域

这场危机同时也表明，并非只有金融监管者未尽职尽责，货币主管机构——各国中央银行——也始终没有做出必要的得当的反应。一些人对欧洲央行在危机爆发时未立即决定实施零利率感到遗憾。他们认为，这一政策应比各成员国制订的所有复兴计划更有益于经济活动。但我们可以对这一措施能带来多大变化打个问号。因为当银行间拆借业务和银行向企业发放贷款几乎已经停止时，利率高于或低于一个百分点已没有多大区别。一旦利率为零，实行可能重振经济的利率政策的余地就会很小。在此情况下，央行唯一能使用的办法就是通过大量回收债券来降低（长期）利率。这就是目前美国央行被迫采取的行动。

相反，央行在实施宏观调控时，应高度重视泡沫问题。泡沫的破裂，就像我们现在所经历的，会对经济活动（衰退）和价格变化（通货紧缩）造成极其严重的后果。泡沫破裂涉及的金融范围如此之广，致使小规模经济完全被排除出局。因此央行比任何时候都更需要获得由金融监督员提供的必不可少的信息。假如根据客观指数，某些部门似乎投机性增长很快，央行就应动用利率手段，应比以往更快地控制这些部门的活动。

这场危机还有另一个作用，即表明建立大货币区是可取的。在金融和经济大动荡中，欧元带来了稳定性。没有欧元，金融危机的冲击波可能会在大部分成员国引起货币海啸。为证实这一点，只要想想在世界货币基金组织托管之下的冰岛和匈牙利，或想想危及一些国家（如瑞典）的货币贬值。在不降低加入欧元区条件的前提下（这样会削弱欧元的坚挺性），我们应全力以赴及时扩大欧元区。当然首先是发展申请国。英国货币的加入也是颇受欢迎的。既然目前英镑与欧元价值几乎同等，而且英国人也已看到欧元区的稳固，对他们来讲，现在是跨越这一步的时候了。

但是，扩大欧元区并非是我们日程表上的唯一议题。如果希望全世界更稳定，我们应促使世界其他地区积极参与货币合作。比如在拉丁美洲地区（巴西、阿根廷、墨西哥），自1990年以来，那里一直受到货币和金融冲击波的影响。又比如在东南亚，日元与人民币可像埃居（欧元的前身）那样作为“亚洲货币单位”的基础。最终这些变化可导致形成一个巨大的货币网络，即作为一个构架的基础，将有利于在世界范围内实行新的和稳定的货币监控。

国际货币基金组织的变革

如果国际货币基金组织不进行真正的革命，就不能进行上述金融和货币改革。毕竟，国际货币基金组织的结构与使命是几十年前确定的。具体讲，目前重要的是该组织应具有这样的手段，即能够通过缩小利率差幅和严格限制收支失衡来在世界上实现日益加强的稳定。可由各主要货币机构达成协议，共同遏制可能导致出现下滑性趋势的“竞争性货币贬值”的倾向。人为地贬值本国货币以获取相对优势不失为重振经济的一种手段。但实际上，这一做法是保护主义的隐晦形式，只能带来更多的不确定和不稳定因素，是拿世界经济复苏做抵押。

国际货币基金组织目前只有不足2000亿美元流动资金来做这些事，这个数额是绝对不够的。一些人士希望国际货币基金组织能以“特别提款权”的形式发放债券。这一特别提款权是以多种外汇（美元、英镑、欧元、日元）为基础的证券，可作为国际支付手段。如果允许国际货币基金组织发放债券，由各国央行认购，将会产生国际性的稳定的新证券，这将预示一种真正的世界货币的诞生。对国家银行而言，事情会更简单些，只需将由国际货币基金组织管理的补充资金放入各自国家货币里即可。

应改变国际货币基金组织内部的力量均衡。今天的国际货币基金组织类似一个由美国掌控的国家合作社。美国占有17%的表决票，却拥有事实上的否决权。因为国际货币基金组织的所有重大决定均需获得85%的多数才能通过。我们应将国际货币基金组织改造成一个巨大的货币区域，通过让每个国家在本国实施严格和统一的标准和规章来监督货币区域国家的货币管理机构和金融调控机构。简言之，国际货币基金组织的重心应转移，目前由成员国组成的董事会应改为由大的业务交易者组成。

但我们不能存在任何幻想。对这样的改革，阻力将会很大。这种改革几乎需要一场（民主的）政变——其实我不太喜欢用此词。在改革之际，“新兴市场”、欧盟、“金砖四国”应积极参与其中。这一政变成功的唯一条件是欧洲或至少欧元区国家首先联合起力量，换句话说，组成适合欧盟或欧元的唯一“选区”。假如出现这种情况，欧洲人一下子就可拥有三分之一的表决票，这也是为成功进行改革创造原动力的唯一方法。

此外，新的国际货币基金组织要保证更加透明，这是详细分析“系统”风险的必要条件。无论这些风险是与金融市场运作有关还是与货币政策有关，应强行规定央行必须收集和公布有关货币流通量（M1，M2，M3）的数据，同时也要收集能让市场确切了解流通市场（新的）金融产品的数量等数据。无论这些新产品的类型如何。由于建立了可称之为 M4 的货币流通量，我们就能够更好地评估潜在风险，尽快检测到泡沫和投机性增长的迹象。

第八章　欧洲计划

早在 1980 年，阿尔温·托夫勒就在《第三次浪潮》一书中对 20 世纪末将出现的彻底变革进行了描述，其内容是工业社会将向信息社会过渡，将由一个建立在权力集中、步调一致、标准化和大众化基础上的社会向一个基于权力下放、多样化和个性化的社会转变，由大型企业通过（蒸汽）机器进行生产向电脑和互联网经济转变。这是由工业化时代向信息化时代转变的过程，也是由纵向型经济走向横向型经济的过程。整个 19 世纪和 20 世纪大半叶，经济主要按纵向模式发展。每个国家都有各自的国民经济和货币。这一经济又按纵向分成部门。国有企业掌握着邮政、通信、航空、电力生产和分配，就业市场同样也按工人、职员、劳工、自由职业者纵向分割。这一旧的纵向型经济如今很快被打破，被横向型经济所替代。这一经济已不再受地理界限或货币的束缚，划分成部门的做法已成为过去，有关工人、职员、劳工和自由职业者的划分亦已逐渐过时。

第三次浪潮的终结

与大部分人想象的相反，最近30年发生的变化只是一个开始，第三次浪潮远未结束，不适合当今时代需要和规律的旧工业时代的痕迹依然存在。比如能源生产，大部分能源由大型电厂使用化石燃料向家庭和企业提供。在到达照明灯和电力发动机之前，大部分电力已在输送过程中被浪费掉。世界食品生产和流通同样一直存在问题，原材料和包装材料的浪费触目惊心。再比如商品与人员流动问题，仍按以前一样的规律进行，即让所有的人同时到同一场所，引起长长的堵车队列，造成许多危害，直至交通梗阻。此外，信息技术还未彻底进入社会各个领域，尤其是教育和医疗卫生方面。

明确地讲，无论我们的经济如何现代化，在许多方面与旧工业化时代的经济仍有相似之处，其运作方式通常不是可持续的，致使大量浪费资源和原材料。经济的生产工具还不“环保”，会排出成吨的二氧化碳（CO_2），以及其他使气候变暖的气体，如甲烷（CH_4）、六氟化硫（SF_6）、一氧化氮（N_2O）以及我们称之为“细微粒子”（NOX）的物质。所有问题在于，在未来几十年间，信息技术能否体现这一改变，能否被充分大量开发出来，使目前各领域的经济向可持续发展的经济过渡。

我们面临的挑战是巨大的：地球变暖、人口老龄化、城市内部和周边人口流动、能源和原材料的浪费、摆脱贫困、移民潮，等等。至于所需的财政资金，可能更为庞大。然而我们缺乏的并不完全是资金和知识，而是我们的观念是否能更新以及能否未雨绸缪。但至今我们还未表现出有足够的能力来迎接这些挑战，原因是我们继续用纵向性的方法来看待和思考具有横向性的问题。我们设想在本国内或欧洲范围内解决这些问题，而它们是世界性的。同时，目前每个国家面临的最大困难是，如何消除以往遗留下来的问题。更为严重的是，我们还做不到联合所有企业、研究机构以及各领域公共机构来一起思考我们所需要的创新理念。

欧洲投资和行动计划——欧洲计划

这一跨国界和跨部门行动将成为欧洲投资和行动计划——简称欧洲计划的起点。从一般意义上讲，这一计划的目标是重振世界经济，但主要是振兴欧洲经济。计划将大量投资于科技和知识经济，使之能够向一个革新的、可持续的和不依赖于化石能源的新经济快速过渡。无论是这一计划的目标、规模，还是通过大量投资以创造新的企业和就业岗位所采用的方法，都是十分重要的。

首先是规模。欧洲人口比美国多，其国内生产总值近 15 万亿欧元，美国是 10 万亿多一点。经济合作与发展组织和国际货币基金组织均估计 2009 年欧盟面临的紧缩将会大于美国。简言之，来自大西洋彼岸的危机将对欧洲造成比美国还严重的经济损失。但对此的回应措施却呈反比例。这里我不是指振兴金融计划所投入的资金数额，而是指在振兴经济计划项下所动用的资金。如前所述，美国在此方面的资金相当于国内生产总值的6%，而欧洲勉强达到1.5%。如果我们用绝对数字来表示，双方之间的不平衡更加明显。奥巴马计划达到7800亿美元，相当于6000亿欧元。而欧洲各国的振兴计划资金，包括欧盟委员会和欧洲投资银行提供的资金，勉强达到2000亿欧元。换言之，尽管危机对欧洲造成的损失更大，而且欧洲人口比美国多三分之一，但欧洲动用的资金只有美国的三分之一。若以人头计算，就更清楚了。美国人均投入为2500欧元，欧洲则勉强达到400欧元。

因此，欧洲的投资是不够的，应该提高到美国那样的水平，即达到6%。具体讲，除执行各国经济振兴计划已有的1.5%资金外，还应考虑欧洲投资和行动计划的资金需达到国内生产总值的4.5%，即6000亿欧元。若我们将欧盟委员会提供的“自动稳定基金”计算在内，还需要增加3%的资金，即4000亿欧元，这样才能接近美国的数额。

长期效益和受惠

欧洲计划如何运作？其指导原则是什么？目标是什么？首先重申我们多次确认的目标：欧洲计划仅用于投资。而美国40%的资金用于传统的“积极赤字”，即短期行为。欧洲却相反，需要着眼于长期投资，以创造永久性就业岗位和切切实实提高购买力。长期投资并不意味着我们要慢慢去做，相反我们需调动一切力量尽快实现计划的各项内容。舍此不可能实现计划目标，也不足以对振兴经济产生影响。从现在起，必须就欧洲计划及其具体内容做大规模的宣传，让公民完全了解如此大规模的投资将确保欧洲经济的前途，是与公民息息相关的，这是终极目标。正是这一意识将重新恢复民众的信心，这是快速启动经济形势好转所必需的。

上述投资应是横向的、跨国境和跨部门的。投资计划不是提高一系列传统关键部门（交通、能源、汽车组装业、钢铁、药业、食品等）的个人补贴，而是采取“一揽子方案”，各部门融合成“未来的整体”。这样，欧洲经济才能上升到更高的水平，才能朝着企业与跨部门合作一体化网络的方向发展。这样的重新组合将会引起跨部门的革新。大量的新举措、新产品和新服务，都将构成新型工业化的基础。企业应联合研究和发展力量，以在未来创造的新市场上重新具有竞争力。

关于欧洲投资银行等现有机构可能采取的投资模式，有两个关键标准：可持续性和效益。可持续性指投资能产生持久的和可以承受的影响，能产生长期效益，并且不会对人口和环境造成任何额外负担。效益则指投资应长期产生最起码的效益，并应高于长期债券的效益，这一点至关重要。效益不仅是选择最佳项目的良好标准，而且可带来对未来收入的坚定信心。这些收入应足以偿还为实施欧洲计划所必需的新的分期债务。根据计划性质，投资可由公共部门、公私联营部门或纯私营部门承担。若是后者，应提供欧洲担保。这些不同投资模式就能使投资规模达到约 1 万亿欧元。要有提倡反对保护主义的意识，以便快速启动的跨国或跨行业项目能获得更多的资金支持。

向非化石能源的经济过渡

欧洲计划带来的最大改变应是：由现在以石化能源为基础的经济，向低碳经济过渡。这一改变对解决气候变化和地球变暖问题很紧迫。这还不是唯一的原因。最重要的是经济方面的原因，欧洲应逐渐走向能源和原材料的独立。同时我们应倾向于这样一种经济，即发现新产品和采用可持续与创新相结合的生产方式，新的产品和服务应成为将来大量向外出口的源泉。

目前欧洲可再生能源市场提供约30万个就业岗位，由此带来200亿欧元的营业额。我们期待这一营业额在不久的将来能成倍地增长，环保经济将对应对当前危机起到决定性作用。早在经济危机爆发之前，欧盟委员会就已发起《20－20－20气候计划》，即指从现在至2020年，计划目标是使气候变暖的气体排放量减少20%；使再生能源生产的电力比例占20%；将能源效益增加20%。这表明了该计划的雄心和价值。但计划忽视了一个核心问题：按照计划，每个国家都孤军作战，几乎没有跨国性行动。可替代能源方面的研究和投资步伐反而减慢，因此自金融和经济危机开始，对太阳能和风能的贷款随即停止，投资也就此搁浅。而美国却相反，奥巴马总统带头为环保革命打先锋，这意味着欧洲将面临失去先驱者作用的危险，这足以说明欧洲计划必须重视这些领域。

首先需投资的目标是建立欧洲统一的能源市场。这一市场应拥有一个遍布在交通、能源利用和消费方面的网络结构。此外，需摒弃以往以消费能源最多的成员国为基本单位的纵向做法，而选择进一步分散和多样化的办法。为此，投资内容应该是彻底革命性的。目前，能源以集中方式生产，然后再输送到消费者。将来，每个消费者自己就是能源生产者。就像互联网那样，最初是用于查找信息，但现在所有人都既是消费者，同时又通过博客、社会网站和其他方式，成为生产者。此外，还应发展具有欧洲特色的多样化再生能源，如水能、地热能、太阳能、风能、生物和海潮能源。这些能源资源应纳入维持再生能源的欧洲网络结构，在地中海周围阳光充足地区，可投资兴建太阳能农场，而在北欧的多风地区，可鼓励投资风能。由此建立起再生能源网，增加新能源指数和效益。为达到能源独立，不可避免地需使用核能源，条件是需集中力量建设第四代核电站，使核熔解达到几乎不再更多产生甚至一点都不产生放射性废料的水平。

改革汽车工业在向非石化能源经济转型中也起着重要作用。与化学部门合作，应该能在短期内生产出排放二氧化碳很少的汽车。为帮助这一市场发展，欧洲应扩展和加速从使用炭黑标准向二氧化碳标准过渡。这样，才能在几年中生产出完全环保和可持续发展的汽车。食品部门也应如此，每人一生要制造出 8 吨包装垃圾，浪费很大。这充分说明严格减少我们的包装欲望和实行从“摇篮到摇篮”的无包装原则的利益所在，以及重视包装材料的选择和运输的好处，否则包装材料会造成垃圾成山。为此，与能源部门合作肯定会获得解决办法。

为提高能源效益进行部门间合作的可能性是无穷尽的。比如，在丹麦和荷兰，大规模进行的“智能措施”项目获得成功和发展，电表、水表和煤气表都改成了数码表。通过固定或活动的数据输送装置，将信息直接连接到中央数据库，因此能以分钟为单位来监视消费状况，能源销售市场所有竞争者都能采用这些信息。他们可利用此项技术向消费者建议节约能耗的方法。如实验项目所显示的那样，拥有智能计量表的家庭，能轻而易举地平均减少30%的消费。这无须做大量的改造工程，也不失原有的舒适。最后，提高楼寓能源效益应是减少非工业气体排放的第一关。总之，欧洲通过如此目标明确的投资，能够在短期内取得巨大进步，推动我们向低碳社会过渡。

治理流动性方面的梗塞

欧洲计划涉及的第二个领域，当是城市及郊区越来越艰难的交通状况。除浪费时间和交通引起的烦恼外，当然是巨大的经济损失。在当代欧洲社会，治理交通阻塞现象是很紧迫的问题。为遏止这一现象，需采取集基础设施、软件设备和环保举措于一体的跨部门措施。

目前欧洲计划必须加速进行的项目之一，是建设跨欧洲网络(TEN)。需投放追加资金来加速建设这一网络。2004年欧盟扩大之后，需要扩大与独联体国家和地中海地区的网络和联网。跨欧网络涵盖交通、电讯和能源三个部门。交通方面，包括公路、铁路、水路、海上运输及欧洲高速火车网。它们是欧洲交通的重要支柱。虽然已进行了许多工程，但是上述交通的发展存在倒退的危险。建设的新高速火车铁路已迫在眉睫。这对于欧洲大陆至关重要——便于欧洲“人才”在高效和环保标准状况下流动，从一个神经中枢转到另一个地方。同时也便利居民——无论他们生活在欧盟内还是欧盟外——相互见面和了解他人的文化思想。该网络是欧洲大量学术、文化和经济交流的保证。因而毫无疑问会创造超值经济效益。

同样，在运输方面，我们也应做出努力。我们的火车站和铁路网总是阻塞，甚至在欧洲最大的海港也如此。因此加快对这一部门的投资，以保证铁路货运和欧洲海港与工业中心之间的运输，显得尤为紧迫。保证高速公路畅通，为私营和集体运输提供便利。伽利略计划也涉及跨欧网络运输部分，虽然计划已久，但目前处于完全搁浅状态。欧洲计划将提供契机，重新启动这一计划。伽利略计划应成为欧洲智能运输体系的试金石。这一体系包括卫星导航、高速公路、自动收费站和汽车内的通讯信息处理技术。

跨欧网络能源方面，应建立欧洲能源（电和煤气）内部市场，保证能源供应源源不断。最后是电信部分，应建立开放式的光纤网络，使所有电信服务商在此网络范围内自由竞争。还应实施电子工程，让所有欧洲人能一按键盘就能登录电子平台，以最快速度访问整个欧洲大陆，无论其距离有多远。不同年龄段的人需要不同的出行方式，工作日出行与假期出行也完全不同。每个公民，无论老、幼、城市人或农村人，应都能借助于这集统一、综合和可靠为一体的信息平台。

投资老龄化社会

欧洲人口前景已出现问题。可以肯定，与世界其他地方相比，欧洲最先面临老龄化问题，且最为严重。近几十年间，欧盟老龄人数平均每年增长100万至150万。在未来25年中，每年增长人数将达200万。65岁以上人数目前占总人口13%，2050年将上升到18%。80岁以上居民属增长最快的群体，届时将会从目前占4%升至11%。因此至2050年，老龄人口几乎将占欧洲人口的三分之一。同时，可就业人口每年将减少100万至150万。55岁至64岁这一年龄段中不到一半的人还活跃在就业市场。目前的比例是4个就业人员对1个65岁的老人。至2050年，只有2个对1个。至2008年年初欧盟人口为4.96亿，比2007年年初增加200万，增长率仅为0.48%。与世界其他地方相比，是比较低的数据。而且，这一增长的80%主要靠国际移民。如果没有移民这一社会增长额，欧洲人口将从2012年起呈下降趋势。总而言之，欧洲同时面临人口老龄化、人口下降或人口长期保持现状以及人口种族日趋多样化等问题。

从短期看，人口老龄化对欧洲造成巨大挑战。老年人退休金和享受高质量的医疗保健，这只是主要的两大问题。这一领域属医学、科技、经济和社会科学综合领域，还有待开发。至于医疗保健，最大的挑战之一是从医治体系转为预防体系。当今社会——一个拥有先进医疗基础设施的老龄化社会——80%以上的疾病属慢性病。若按照传统模式，相关的医疗费用将是很昂贵的。因此必须对医疗组织进行大量的科技投资。互动数字电视可让患者接收远程临床诊断，还能让他们使用有效的治疗方案和饮食计划，患者还可通过视频与陪同人员或主治医生长时间网上交流。信息通讯技术的使用可对患者身体状况（如心脏、胆固醇、用药剂量等）进行动态检查，所有数据将被储存在统一的数据库里，供医疗部门所有医务人员共享。

欧洲计划将大量投资于未来的个性化医疗。医疗措施、治疗方案以及后续定期检查，将针对患者个人特点、生活各个阶段以及遗传情况进行设计，预防医学和个人药物治疗是上述领域的主要部分。同时，我们将建立欧洲内部医疗市场，使医疗档案按照欧洲标准数据化。医务人员文凭应完全协调统一起来，欧洲不应满足于自己拥有高质量的医疗服务体系，而应有雄心将此推广到世界各地，因为这些地方迟早会遇到类似的人口老龄化问题。

投资老龄化社会，亦是开发新的适用老年人的服务项目和退休产品，因此在欧洲范围建立养老基金对上述设想至关重要。通过研究，将会提出针对老年人社会生活的新的社会和经济模式。目标是让我们的长者在医疗方面比现在具有更多的独立性（如上门就诊、远距离检查等）。

信息技术与信息技术通讯

信息技术与信息技术通讯是指范围广阔的信息和通讯系统，以及有关其运作所必需的信息技术，亦指系统、网络、数据库和互联网站、电脑维修、程序以及程序软件管理。目前欧盟的信息技术与通讯部门创造6%的就业岗位，占欧盟国内生产总值的8%，约占私营部门生产收益的二分之一。因此欧洲有必要增强信息技术部门的竞争力，排除阻碍跨部门发展的障碍。信息和通讯技术的作用在第三次浪潮中将是决定性的，这一点我们现在已意识到。它们是跨部门网络无可争议的枢纽，因为唯有这个领域与所有部门相关。

信息技术能够发展并管理基础设施。由于这些，信息通过基础设施以二进位比特和字节形式传递。这一基础设施由固定和活动的网络构成，拥有信息、交换信息、将信息传播到其他地方，是新型经济的重要部分。通讯网络是新型经济之血——信息与知识，通过动脉流淌。知识和信息可能是唯一能快速、有效、成正比增长的商品。由于快速和有效，知识和信息被传播到更多的受众。网络的巨大容量、杰出的流动性和普遍存在性，成为新型经济的基本环节。任何阻碍信息技术和通讯发展和革新的做法，都是新型经济道路上的绊脚石，应予坚决排除。

正因为如此，克服一切阻碍进入独一无二的、世界性的信息高速公路尤为重要。这次危机为我们提供了填补“数字鸿沟”的契机，让我们得以分享“数字红利”。我们的目标是，至2020年，因特网在整个欧盟的覆盖率达到95%。因此需努力完成欧洲宽带网的建设。遏制各国在此方面的重复工作，也就是说，我们必须投资一条流量极快而高效的欧洲单一网络，而不要同时投资国家网络——那些阻碍着其他竞争对手顺利地向客户提供新的服务的国家网络。投资同时应放在不断革新信息和通讯技术方面。在研究与开发方面，我们必须打破各部门之间的界限。在同研究与开发成果有密切联系的知识产权方面也是如此。我们不仅需在部门之间，也需在企业之间通过建立“技术平台”加强合作，所有企业一起来开发充满前途的工程。一旦这一工程完成，各企业可各自使之商业化。对任何一个将占领未来新市场的企业来讲，发展商业化服务越快，投资回报越高。

团结发展中国家与世贸组织的作用

欧洲并非是制订欧洲计划的唯一需要，因为除欧洲计划外，还有美国的奥巴马计划、中国的经济振兴计划和世界其他地方的众多振兴计划，因此有必要进行针对发展中国家的专门活动，因为这些国家往往遭受经济危机的影响最为严重，涉及成千上万人的生命。

世界银行已提出，把其应对危机和重振经济计划总金额的0.7%用于设立“弱者救济基金”。该基金将直接投入三个优先项目。首先是世界银行和联合国一起，增加“食品换取工作项目”资金，用于为儿童提供食品和扶助农业。其次是基础建设方面的投资，优先考虑发展二氧化碳排放低并能不断提高就业机会的能源项目。最后是帮助中小型企业和那些能提供小额资金的机构，小型企业主要在发展中国家，是最为活跃和最灵活的雇主。

遗憾的是，发展中国家比其他国家更容易遭受目前普遍抬头的保护主义不良后果的打击。特别是近几年刚刚进入“新兴市场”行列的国家（塞内加尔、纳米比亚、肯尼亚、乌干达、加纳、莫桑比克）。关税壁垒的增加主要在纺织、农业、食品、汽车、钢铁和玩具生产等领域。因此，有必要继续加强世界贸易组织在反对贸易保护主义方面的机制和手段——尤其是在监管机制、贸易政策审议和通报等方面。

但所有这些还不够。金融危机应该促使各国政府一劳永逸地结束“多哈发展回合谈判”。多哈谈判是一揽子贸易协定，应该达到取消关税壁垒和所有仍在阻碍世界贸易的壁垒，这些措施会给世界经济带来1500亿美元的利益。这将会受到各国欢迎，特别是对发展中国家有利。在西雅图协定框架下需要签署的新协议也应如此。在此方面做出的新承诺应该与同有利于发展中国家的创新型技术投资相配套。

第九章　欧洲债券市场

现在需要确定的是怎样投资欧洲计划。这其实也是对欧洲银行领域资本重组提出的问题。可考虑两个方案：或由欧盟成员国决定临时增加对欧盟的分摊额；或由国际资本市场通过发放债券计划来做。第一个方案不是很现实，成员国肯定不愿意增加其分摊额。2006 年，欧盟拟将预算仅仅提高到占国内生产总值 1%，但这个建议也被大部分成员国所拒绝，这已很说明问题了。再者，所有国家都受经济危机影响，都需增加开支，同时也会增加赤字。因此能选择的方案只能是发放欧元债券。

欧洲计划的投资

关于欧元债券，发放金额应是多少？采取何种担保方式？怎样抵押？欧洲计划和欧洲银行资本重组在未来两三年中需要上万亿欧元的资金，甚至更多。仅欧洲投资和行动计划一项，至少需要占国内生产总值的 3%，相当于 4000 亿欧元。为避免让成员国先掏腰包，集资的最佳办法是发放欧洲债券。这些债券将发放到国际资本市场，由欧洲投资银行（BEI）或由专门为此成立的投资和稳定基金（FEIS）来操作。上述两个机构的收入来自欧洲计划项目获得的利润。如前所述，欧洲计划项目的利润应高于长期债券的利润。当然欧洲计划也包括那些不产生流动资金的项目，如那些帮助一个或几个国家实施“京都目标”的集体投资项目。若属于此情况，可与有关国家商定年度补贴。此外，欧洲银行部门资本重组过程中获准出售债券所得的资金也可注入基金。基金可由欧盟自主资金保障，成员国只在第二阶段才介入。

现在购买债券的需求将比以往更受欢迎。因为储户面对经济危机，需寻求更加安全的投资方式（国债或公司债券）。目前，一个稳定的政府或知名企业发放的任何债券都很快被认购一空。当今世界债券流动状况良好，发放欧洲债券对成员国中状况好的国家绝对不会有任何危险。此外，投资总额在主要由美国主宰着的世界市场上只占国家债务的一小部分，相当于美国发放债券的六分之一。欧盟内无论是大国（如德国），还是通常支付很高的债券利率的小国，现在都不必担心债券利率会提高，因为世界市场需求量很低。

欧洲预算改革

利用发放欧洲债券来为欧洲计划提供资金，需要立即调整欧盟预算。应该对提高欧盟经费是否适宜这一问题有一个明确的认识。目前这一预算只占欧盟国内生产总值的 1%。希望尽快将欧盟预算转由欧盟自主基金提供资金，欧盟必须有完整的独立预算，使欧洲债券拥有一个坚实可靠的投资环境。在此设想下，完全可考虑取消以每个成员国国内生产总值为基础的各国摊款的体制，这种摊款方式经常在欧盟内部引起纯支出国与纯受益国之间的痛苦冲突。因此，最好的办法是像美国那样，从“绿色”税收和消费税来获取欧盟的资金，每个家庭应能从购物发票中看到，他所付税的百分之多少用于欧洲资金，有多少用于成员国金库。

我们的建议丝毫不会带来额外摊款和额外税务，相反，欧盟征收的独立资金将从国家摊款中减掉，因此可降低国家一级的税务，两者数额相抵。对纳税人而言，这种做法很透明。从政治角度看，会带来许多变化。在欧盟历史上，公民第一次有可能来决定金额应当转入（或不应转入）欧盟机构。这是世界上现代文明的基本原则之一。

欧洲证券或欧洲债券

建立欧洲债券市场的想法由来已久。自采用欧元后，在欧元区建立更加一体化的公共债券市场的条件就具备了。自那时起，大量而又详细的报告均对建立这样一个市场的原则持赞同态度。但是这些建议的目标大大超出了建立一个约 1 万亿欧元的债券市场。此外还有将大部分公共债务转成欧元债券的问题。最大胆的建议是建立一个不少于 4 万亿欧元的债券市场，而每个欧元区国家可把自己债务的 40%（称之为高级债务）投放到这个市场。这些建议以及其他许多建议的良好用意是显而易见的。此举可以让我们建立一个能与美国债券市场抗衡的欧洲债券市场。大量发放欧洲债券，可获得大致与美国利率相等的资金，平均低于德国国债基本利率40%。因此，即使目前发放国债利率最低的德国——与其他成员国相比——也能从中受益。而且，德国与其他欧盟大国不是这一体制的唯一受益者。欧盟小国由于投资数额小，须为其债务支付现金补贴。而建起欧元债券市场后，小国也能推出比目前利率低的债券。

总之，我再次强调，现在是建立欧洲债券市场的极佳时机。金融危机造成一部分投资者——特别是金融机构——转向固定收益的证券。在2008年交易市场证券损失40%的情况下，投资者的这种反应是完全符合逻辑的。此外，投资者以及国际大金融机构希望这一市场的建立使他们有可能与美国国债一比高低。由此，债券票据除美元外，可更加多样化。目前这种可能性非常渺小。德国国债市场约达1万亿欧元，而美国国债市场是德国的10倍，达10万亿，其中6万亿面向公众发放，其余由美国公共部门持有。

此外，还有两个有力的理由可以证明建立欧洲债券市场的迫切性。这一市场将最终推动欧元成为世界储备的新货币，尤其会使欧元区得到受人欢迎的加强。在金融危机的几个月中，欧元表现良好。如果不是欧元，欧洲可能会遭受巨大的货币贬值，可能比目前处于困难状况的非欧元国家严重得多。值得注意的是，这些困难国家无一是欧元区成员，其原因是一些国家未达到稳定公约的条件，而另一些国家（如瑞典）前段时间并不希望加入欧元区。匈牙利货币福林两年贬值了22%，罗马尼亚货币列伊贬值了27%，波兰货币兹罗提一年中贬值了28%，而保加利亚的列弗因与欧元挂钩而超级增值，这使它成为目前需要持续贬值的对象。

然而，欧元的这一优势隐藏着另一个趋势，应引起我们的关注。这就是“利率差距”可能会扩大，比如德国联邦国债的低利率与其他成员国所承受的高利率之间的差距会更加明显。当然存在这一差距是正常的，原因是小国投资能力有限，通常必须接受高利率，即上面所说的现金补贴。尤其是在危机的压力下，这方面的差距在比利时已达到 90 个基准点，葡萄牙 150 点，希腊 260 点，将来这些差距会影响欧元本身的一致性。弥补这一后果的唯一办法是，必须让利差高的国家整顿其经济，最重要的是，建立良好的公共财政和经济秩序。建立欧洲债券市场可能对此有所帮助。这不仅可通过取消现金补贴缩小利率差距，尤其可为欧盟委员会和欧洲央行提供除稳定公约中确定的条款以外的另一种手段。那些不重视整顿公共财政的国家将有被清除出局的危险。我认为，让这些国家的“高级债务”从欧洲债券市场的体系退出，这是一个可以敦促他们回到正确道路的很有威慑作用的工具。

这样的做法可行吗？答复极其简单。若想知道欧洲债券市场能否成功，只需回头看看已经在欧元区实行的公司债券市场。这一市场运作良好，流动资金非常可观。在此条件下，还有什么理由阻止我们利用国家债券来如法炮制呢？

救助中东欧

欧洲债券市场还有利于着手解决中东欧问题。这些国家按严格的条件加入这一市场，可降低它们目前为公共债务所付出的过高代价。可回顾一下，这些国家在美国“次贷”危机中是首当其冲的受害国之一，它们的公共债务在不断攀升。

不难看出，经济转型或快速发展需要大量的贷款和巨额资金，其中大部分来自国外。很显然，这样的经济会首先受到金融市场萎缩的影响。用欧元和瑞士法郎筹借的债务必须用本国贬值的货币来偿还，这样肯定会大大提高贷款保险的费用。贷款风险的保险费达到前所未有的高度，乌克兰甚至提高了3000个基准点，通俗点讲，其所需资金的30%用来支付贷款保险费，其他几个国家（匈牙利、罗马尼亚、塞尔维亚、拉脱维亚）也遇到困难，不得不数十亿地向国际货币基金组织、世界银行和欧盟借贷。

因此，这些国家经济发展速度减慢，其“双位数经济增长”成果已经所剩无几，一些国家经济甚至出现萎缩，匈牙利负增长6%，拉脱维亚负增长12%。这些国家还要警惕严重的货币贬值。中东欧最大的问题是2009年将有约4000亿欧元债务到期需要偿还，但很可能因无力偿还而违约。若是此种情况，将影响到已经投资的经济。这些国家的经济曾经受制于前苏联几十年的经济桎梏，之后在自由和繁荣道路上经历了15年的辛劳。我们应坚决进行干预，以避免任何国家的内部爆炸。比如由我们来承担中东欧的债务，并最终予以消除。这将是巨大的行动，但若不去考虑这些，将是一种逃兵行为。在柏林墙倒塌 20 年和苏联统治结束 20 年之际，对于刚刚加入欧盟的东欧国家，若不对它们帮助，将是件极不光彩的事情。那就意味在柏林东西两边始终存在着两种类型的成员国和两种类型的公民。倘若我们想避免欧洲大陆再次分裂，我们就必须立即行动起来。

第十章　一项战略与欧洲经济社会政府

欧洲投资和行动计划不应是空中楼阁，而应当具有良好的社会环境和牢固的经济基础作支撑，这对成员国使用同一种货币的欧元区尤为重要。因为，成员国中任何一国不进行经济社会改革，自然会对其他国家带来负面影响。然而，恰恰在这一点上，某些成员国总是固执地不愿正视，它们错误地认为只要有自己国界的保护，其他国家是否进行改革对它们影响不大。这种想法显然荒谬的，因为取消货币壁垒后，不再可能通过货币兑换价格来消化服务和贫富的差距。

欧盟经济社会政府与欧元区

基于上述理由，欧盟至少在欧元区内实施一项经济社会战略并建立一个经济社会政府的时刻到了。目前这两项都不存在。现在的欧盟经济社会政策只概括几条指导方针以及稳定与增长公约的规定，社会政策主要包括针对就业和一系列劳动保险规定的指导方针。而欧洲央行的作用，则仅局限于反通货膨胀，其在支持欧洲范围的经济社会活动方面作用甚小。里斯本战略并未取得预期的成效。这一战略坚持的目标是值得称赞的，其主旨是让欧洲经济尽快成为“世界上最具竞争力和最有活力的知识经济”，但仅此而已。实现目标和强化欧洲基础的手段仍缺乏约束力，其关键词只是“开放性协调”、“比较分析”、“同行检查”、“良好行为”等。具体讲，行动进程只是成员国之间的比较。除此之外，最落后者也只是被友好地邀请再稍微多做一点努力。再者，我们只在自己内部比较，而新的挑战是来自欧洲外部，诸如印度、中国、巴西或墨西哥。显然，里斯本战略并未起到名副其实的战略作用。

然而，无论是过去的历史还是当前的危机均表明，共同行动是值得的。欧洲经济近几十年能持续增长，在很大程度上归功于我们在欧洲大陆建立的统一大市场。最近几个月，尽管金融市场受到的冲击巨大，但欧洲并未遭遇全面货币危机，这也要归功于欧元和欧洲央行。陷入困难的是欧元区以外的国家。

在此时局艰难之际，采取相同的步骤和战略，以加强和保护我们的经济基础，这是可取的。这一政策能消除欧洲经济特别是成员国内部的经济和结构方面的不足与缺陷。因此，成员国需要进行必要的结构改革，这正是它们现在所做的事情。一些国家做得比另一些国家更快、更深入。但我们仍要强调，这还不够，必须是所有成员国进行改革，采取大致相同的速度，尤其要朝着同一个方向努力。我们瞄准的唯一目标是“建立一个摆脱过去一切束缚的横向型欧洲经济。如果我们失败，欧盟或欧元区的经济将不再会那么优秀，那么富有竞争力，那么健康。长此以往，货币联盟本身也可能崩溃。为避免这一联盟的消失，必须确立欧洲层面的领导，由一个经济社会政府来承担，并依托一项经济社会战略采取行动。所有人都应致力于同一个目标，即保障成员国不同经济的趋同和现代化，从而加强我们的经济基础。

趋同战略

但是，这一趋同和现代化究竟意味着什么？应该在哪些领域付诸实践？我们应该考虑进行哪些改革？趋同并不意味着我们只能做完全一样的事。趋同与盲目的协调一致完全相反。趋同战略曾是建设货币联盟过程中成功有效的方法。它确定了浮动上限与下限之间的“通道”，各成员国的经济必须在这一范围内发展。其目标在于共同建立一个更加一体化、领域更加宽广和更具竞争力的经济。浮动的下限是要防止发生社会悲剧和降低生态环境保护的标准。上限则是要从总体上完好无损地保持经济竞争力的优势。趋同标准迫使各成员国必须自我变革和适应形势的发展，同时尽可能地避免制订某些僵化的、往往无视成员国之间巨大多样性的规则。我们还要避免所确定的目标过于空泛，这将无助于事情取得进展。

最好在经济社会领域内尽可能多地实行欧洲趋同战略，比如在养老金发放的额度、享受的年限以及储备的水平等方面。它们将决定我们能在多大程度上消化与老龄化有关的费用。又比如在健康医疗的质量和成本方面。它们将给经济带来愈来愈大的压力。再比如在我们从事科研和创新的努力方面。对我们的经济前景而言，这种努力的规模比任何其他领域都更具决定性的作用。同时还有其他关键性因素，诸如就业市场的僵化与灵活性的问题，职业生涯的年限、劳动保护的程度、公共债务的水准等。换言之，所有这些都在围着“灵活的安全性”（flexicurité）打转。趋同战略同样适用于税收领域。比如，可以避免成员国在企业税务方面存在太大差异，更重要的是要逐步调整税收政策的方向，即由一个对劳动征税的体制转向对消费和能耗进行征税的体制。这一转变是完全必要的。我们继续对劳动者征收的高税收，使我们实际上是在出口就业而不是所生产的商品。只有通过从直接税和社会税大幅度地转向间接税，尤其是通过征收能源和环境税，才能改善目前的状况。研究显示，这一改革方向能在欧洲创造数百万新的就业机会。当然，如果我们各行其是，则不可能如愿以偿。改革应该在欧盟或至少在欧元区内共同实行。否则，我们只会造成新的社会不平衡、新的紧张以及对公平竞争的严重扭曲。

金融危机同样彰显了在金融市场实行趋同标准的必要性。如在计算保险无事故优惠折扣方面，是否可按三年或五年的期限计算，而不是只按一年计费。也可以鼓励企业更多地使用自身的资金而非来自外部的资金。在税收方面，平等对待两种不同的融资方式，也是缓解银行贷款下降的方式。

有些领域乍看起来与我们的未来经济似乎并无关系，但欧洲仍需要采取共同行动。我这里指的是共同体的人口政策。必须要出台这方面的政策。欧洲人口老龄化已不再是一种预测，而是一个现实。如今超过 60 岁的人口平均已占成员国人口的 20%，至 2050 年，这一比重将达到 30%。遏制人口普遍老龄化只能通过移民和刺激生育。这是使欧洲经济长期增长重新焕发潜力的唯一途径。还有两个领域影响着经济增长的后劲，一是生产力增长的低下，二是由偿还公共债务引起的社会负担的不断加重。

可见，实行趋同标准的好处在于能够在兼顾每个成员国的特殊性的同时，切实解决上述问题。某些成员国经济侧重于工业，其他成员国经济则侧重于发展服务业。某些成员国具有重视社会保障的传统，其他成员国则没有这方面的社会福利。但欧洲的多样性不应该成为无所作为的托词。

欧洲养老基金，对主权基金的一种替代

欧盟经济社会战略同样能应对由于崛起大国——新兴市场——带来的日益增多的挑战。这里且不说这些新兴国家的出口业绩多么令人瞩目，尤其要看到它们正在使用我们的经济杠杆。我们已经指出过，它们的主权基金拥有天文数字般的金额，而我们不可能幻想一夜之间拥有如此雄厚的基金，哪怕是相对逊色的数额。我们的收支平衡不会允许出现此举所需要的巨额盈余。此外，现在是我们应该接受这样一个事实的时候了：由于我们西方企业已大量到新兴市场参股和收购，并没有被对方排除在外，因此新兴国家今后也可以在我们的土地上有所追求。我们不能一方面欢呼西方企业到新兴市场参股和收购是全球化的卓越表现，是一种进步，而另一方面又只把新兴市场国家看做是威胁，这是不能自圆其说的。当然这并不意味着对主权基金的某些担心没有道理。在一些性命攸关的领域，如航空工业，继续把决策和研

发中心掌控在我们手中，对于维护我们地缘政治上的独立性可能是重要的。为此，有必要采取欧洲的解决办法，而非成员国的解决办法。在每个成员国层面采取行动并建立国别基金，将很快引发成员国之间殊死的竞争。我们本应去修筑抵御俄国与中国巨大影响的堤坝，可是我们却没有这样做，我们所做的只是阻止法国的能源行业落入德国和英国之手，或阻止德国和英国能源行业落入法国之手。那些国别基金将很快变为阻挡欧盟或至少欧元区经济一体化的障碍，而不是维护欧洲经济独立的安全保障工具。我认为，如果需要建立一种主权基金或采取一种特殊行动的话，只有当它们是欧洲基金或欧洲行动时才有意义。否则，这仍将只是防御性的行动，一种简单的抄袭而已。

像过去一样，我们在采取某一进攻性的或真正是我们自己的措施方面，是有许多话可说的。问题在于要搞清楚：我们到哪里去筹集大规模的欧洲经济投资资金？用于何种目的？我们究竟可以采取哪些措施以防止重蹈美国人的错误，并避免使我们的投资完全依赖于外部世界？我们有什么能与主权基金进行竞争？答案是显而易见的。欧洲比世界任何地方都更多地受到人口老龄化问题的困扰，我们需要巨额资金主要用于确保支付未来的养老金，这是不可抗拒的。从世界范围看，这是一个具有 25 万亿欧元的巨大市场，其规模到 2020 年还有可能翻一番。因此，如果我们需要明智地处理这一问题，最好是把我们今天筹集的资金用于未来的养老金，使之成为加强和稳定欧洲经济的一个杠杆。荷兰的做法表明这一方法能够奏效。在荷兰，这一资金的筹集是强制性的，因此它拥有的养老基金是牢固的。其资产高于国内生产总值，被用来大量地投资于经济。此外，荷兰能保证其养老金

（根据最后工资比例计算）的水平高于实行分配制度的国家。该国有四大养老基金，每家都管理着数千亿欧元的储备。如果在整个欧洲都实行这样的方法，我们就会很快创造出重量级的基金，足以与主权基金相抗衡。

稳定公约的监控

只剩下一大片阴云笼罩在欧洲上空：公共财政状况不佳，至少在大多数成员国是如此。由于救助和振兴计划的代价昂贵，加之成员国计划繁多且又各行其是，因此这种状况难有改善。至少短期内没有改善的可能。从中期看，由于任何经济衰退必然引起开支增加和收入减少，所以公共财政同样难以改善。至于从长期看，则还要考虑到人口老龄化带来的难以避免的所有有关费用。不可否认，我们可能确实可能让未来几代人承担解决这次危机的代价，让我们的子孙来为我们难以估量的疏忽买单。我们能摆脱这一困境吗？在今明两年，很有可能欧元区的任何一国都达不到稳定公约的标准，因为所有成员国的公共债务都在增加。

是否因此就应该放宽公约标准？或在几年内将公约置于休眠状态？我斗胆对此提出警告：如果是这样将会大错特错，这将为更多的公共赤字打开大门，将会摧毁欧元自身的基础，引发利率和财政支出的爆炸，因为金融市场会以日益不安的心情审视各成员国公共债务的攀升。我们不能排除再次出现最近在英国发生的情况，即政府发行的国债无人问津，因为投资者担心一系列国家公共财政状况出轨。

总之，放弃稳定公约不是解决问题的办法，甚至不是解决问题的开始。正相反，真正的解决办法在于执行公约。首先是使用自动稳定基金。人们允许该基金在经济不景气时有些赤字，条件是他们必须在经济气候恢复正常时做得比预期更好。然而即使这样做也还是不够的，仍须遵循稳定公约目标。任何违反规定的成员国都必须在欧盟委员会批准的振兴计划框架内，确定重新达到公约标准所需要的时间表和必不可少的举措。具体而言，欧委会应要求每个成员国明确，它们将在何时并通过何种努力重新达标。与以往采用的方法不同的是，要尽量避免将经济置于压力之下，应该鼓励那些提高效率、简化行政管理的举措和改革，以利节省开支。实施振兴计划刻不容缓，这是欧盟委员会必须立即承担起来的任务。我们清楚哪些国家将达不到马斯特里赫特条约的标准，我们也了解这些国家的困难程度。

此外，欧委会应强制那些国债利率差幅很大的国家采取振兴计划。在决定建立成员国可将一部分公共债务（高级债务）投入其中的欧洲债券市场之际，这样做尤为必要。如果一个国家不做出足够努力去控制其公共债务，那就必须强制其采取措施。如果它疏于采取措施，则应由它自己来管理这部分比例更高的高级债务。该国应受到更高利率的惩罚——被迫用自己的国库券投放更多的债务，而享受不到欧洲债券的优惠。

还有一点，就是要提高公共权力机构的效率，降低成本，这是能使我们走出危机的振兴政策的组成部分。美国完全明白这一点。因此，奥巴马计划在未来10年里实现不少于2万亿美元的节约。他准备限制联邦政府官员工资，控制军费开支，取消多余的公共服务，打击社会计划中的舞弊，取消或减少用于农业和棉花种植业的补贴。我们也需要倡议这样的行动。应依照稳定公约的思路，给每个成员国规定通过国家机器的最佳组织来节约成本的年度目标。不同国家根据一定参数所确定的目标可有所区别，比如在规模、效率和公共服务的质量等方面。这样，我们就在公约关于公共债务和预算赤字方面的标准之外，引入第三个标准。

第十一章　讲真话的时刻

每次危机都会产生赢家和输家。一些国家和经济体因受到危机重创而失去原有的地位和既得利益，另一些国家和经济体的情况却恰恰相反。危机给后者带来了跻身更高水平所需要的动力和活力，这正是它们过去所缺乏的东西。危机可为世界力量对比的最终改变提供机会，或让我们进入一个全新的世界。可以肯定的是，此次危机也不例外。它将让世界彻底重新洗牌，很可能终结我们20年来所经历的由美国主宰的单极世界。它本身就蕴涵着多极世界的萌芽。在这一多极世界中，多个大陆强国、多个国际和地区组织扮演头等重要角色。在这一多极世界中，美国之星将黯然失色。这并非指美国的绝对权力会受到动摇，但其国力将相对下降。一些国家如中国、印度、巴西和俄罗斯将在国际舞台上谋求更加重要的地位，不仅在经济方面，而且在政治和军事方面。

欧洲合众国

我们应当扪心自问，在这个世界音乐会中，欧洲是否有能力要求一席之地？能否跻身于起重要作用的地区或大陆强国行列之中？是否拥有达到这一目标所需要的力量和团结？可以肯定的是，欧盟内任何一国，甚至德国，都不足以强大到单独发挥重要作用，无论是在国际政治方面，还是在外交和军事方面；在经济方面会否如此，还要看我们能否多少显示出一点克服这场危机的能力。

总而言之，我们的 27 个振兴计划并不能引导欧盟走出困境，我们需要有一个统一而协调的共同战略。我们应该设想一种三级火箭，其底层用于稳定金融市场，其中间层用于实施欧洲计划，其最高层是一个政府，长期保护和监督欧洲经济基础。这个火箭并非一项孤立的计划，它更应该是全球各地共同努力的一部分。我们要与新兴强国以及美国紧密合作，但是火箭的发射平台应扎根于欧盟。这一火箭应被视作更广泛、更深入的整体改革的一部分。危机表明，把欧盟转变为一个政治联邦，转变为“欧洲合众国”的时机已经成熟。欧洲当然不会做美利坚合众国的翻版。欧盟只想跨出决定性的一步，迈向全面的一体化。

我已经详细描述过“欧洲合众国”的含义。除一个政治经济政府外，欧洲还应该实行司法、防务和外交的一体化。应建立一个统一的司法和安全空间，以改进打击犯罪的工作。应建立欧洲共同军队，而不管这一军队是否应成为北约的欧洲支柱。我们应该建立欧洲统一外交，就像欧洲军队和欧洲领导人一样，必须以一个声音说话。从目前来讲，这种做法还只是例外而不是规则。另外，在批准和实施里斯本条约的同时，还需进行其他两项机制方面的工作。第一项工作在上面已提到，应该让欧盟拥有自主资金，这样将结束通过各国摊款来支付资金，而各国摊款制度常常使欧盟处于瘫痪。第二项工作是彻底取消起阻碍作用的一致赞同表决规则。无论如何，当欧盟继续向东和向巴尔干地区扩大后，将拥有 30 多个成员国，届时这项工作必然要做。还有一点特别重要：当条约必须修改时，应采用新的批准条约的程序。我们不可能重蹈欧盟宪法和里斯本条约被否决的覆辙。应确立一个新的程序，来迫使那些拒绝修改条约的国家组织第二次公民投票，询问他们的公民是否还愿意让其国家继续留作欧盟的成员。唯有这样才能避免我们目前所处的僵局。

我们衷心希望这一迈向政治联邦的关键一步能与所有成员国一同跨过。万一这一希望落空，则千万不可优柔寡断，我们应该发动欧元区所有国家和即将加入欧元区的国家。欧洲必然将包括两个同心圆：一个是政治核心，即以欧元区为基础的“欧洲合众国”；在其外围则一个国家邦联，即“欧洲国家组织”。我们只能考虑这种选择，因为欧洲不能再继续被扣作“人质”。不能总是按照动作最慢者的速度踟蹰前行。欧洲在未来多极世界的作用就决定于今天。任何人都不会心甘情愿地给你这个角色，欧洲必须将其抓住并牢牢据为己有。

压力下的欧洲怀疑派

直至今日，欧洲怀疑主义还在大肆炒作欧盟行动不慎、铺张浪费，指责欧洲推进一体化必定使其失去特性。近几年，这一理论使好几个国家的公众舆论相信，布鲁塞尔在建立一个缺少人性的超级国家。事实并非如此。欧盟所得的资金不到欧盟国内生产总值的1%。至于欧盟机构雇佣的公务员人数，这比有些人所宣扬的要少得多，仅有4万名，只相当于欧洲任何一个大城市所雇佣的人数。况且我不想否认，欧盟经常要做一些本来应该让成员国承担的事情。尽管如此，最近几个月的情况表明，欧盟（主要依靠欧元）一直运转良好，这也证明，欧盟本身不是问题，而是解决问题的办法。

可以毫不夸张地说，如果没有欧元，金融危机将在欧洲引发货币大幅度贬值和急剧缩水。倘若没有建立欧元区，难以相信在瑞典克朗都无法抵御的情况下，意大利、比利时、希腊、奥地利等国的原来货币能经得住金融风暴。须知，瑞典的公共财政比欧元区大部分国家健康得多。2008年，瑞典财政获得了1.5%的盈余，公共债务仅占其国内生产总值的35%。相比之下，意大利财政赤字则达3%，公共债务达106%。尽管如此，瑞典克朗还是贬值了，意大利却没有货币贬值，这应归功于欧元。欧元表明，只要从欧洲层面行动，我们就能更好地武装起来去克服危机和应对挑战。更重要的是，欧元在这次金融危机中表现出的良好服务能力，证明在许多方面，我们应当优先选择超国家的、共同体性质的行动，而不是成员国间的政府间行动。

我们不排除这场危机会预示公民对欧元看法的转变。即使是在爱尔兰和丹麦，人们也已看到公众舆论的变化。而在此之前，舆论一直被反欧派的花言巧语所迷惑。现在公民意识到，面对全球化以来的第一次大危机，任何一国都无力独自扭转局势。他们本能地感觉到，只有实现欧洲政治的“全球化”，才能应对和战胜危机。

德国引擎

由谁率先来做？由哪个国家或国家集团来当领头羊？是德国还是法国，就像莫奈、舒曼、阿登纳、科尔和密特朗时期那样？如今法德引擎有些故障。爱丽舍宫与柏林首相府之间不太“顺畅”。在英国方面，我们不应该期待出现奇迹。英国人继续在浪涛中观望，但是朝着大西洋方向，而不是把目光转向拉芒什（英吉利）海峡彼岸的欧洲大陆。

只有德国能够将欧洲推向更高层次。德国不仅是欧盟中人口最多的国家，而且是欧洲经济最强大的国家。它最强有力的武器是外贸出口。它与中东欧国家关系密切。让这些国家走向地狱对德国绝没有任何好处。德国也不会放弃那些与之结成货币联盟的欧盟其他成员国，否则更容易引发贸易保护主义。两次大战之间发生的事件足以表明，这种情况会导致怎样的极端。因此，应该由德国来表现出领导者的风范，带头筹划欧洲一体化的新征程。应由它来拿起共同体的指挥棒。我们不要有任何误解，以为宣布一下人们“将在中东欧某个国家起火时充当消防队员”就够了。无论这个姿态多么优美和高尚，都是不够的。我们期待着德国重新承担起欧洲领导的角色。由它来组织欧洲进入政治联邦和经济统一的决定性阶段。这符合“二战”结束以来德国所扮演的角色和坚持的路线。德国最近的一个重大突破就是在科尔时期加入了欧元区。德国统一后，德国人对有所作为的需求减弱，这一点也不奇怪。当时德国面临东德地狱与西德天堂融合这一巨大挑战。

如今柏林墙倒塌已 20 年，德国应该重新将目光投向国界之外，应该明白这次严重的金融危机为实现欧洲创始人的梦想提供了契机。倘若欧洲和德国还想在世界舞台发挥某种重要作用，无论是在经济、军事还是政治方面，那么这一规划就是至关重要的。

当今世界在重新整合中，留给我们的时间不多。德国政治领导人应该站出来的时候到了，德国应与欧洲的伙伴即各成员国（无论大国还是小国）一起，为一个新欧洲夯实基础。为此要走的路是大家十分熟知的，需采取的方法在启用欧元时就证实是成功的。现在的问题是要真抓实干，在政治、经济和金融等其他领域坚持使用这方法。

危机，何种危机

观察一个事件时需要保持一定高度。过深陷入战斗就很难正确估计形势，就会缺少整体视野。然而，我们需要努力确定这次危机的名字和性质。我们当然知道这是一场“次贷”危机、银行危机、股市危机、金融危机和经济危机，但这仅仅是冰山露出的一角。我们应努力搞清楚，隐蔽在水下的那个主要部分究竟是什么。

显然，此场危机是经济和社会发展把赌注完全或者说是几乎完全押在借贷上造成的，我们可以称之为“借贷危机”。不过唯一要指出的是，一个社会可能由于借贷而蜕变，历史已给我们无数这方面的例子。从某种意义上讲，美国社会历来是一个“贷款社会”，也可以说美国从不是一个储蓄模范。而近几年的发展更是前所未有，储蓄作为一种社会现象已经销声匿迹，存款利率下降为零。这并非偶然。应从中看到一个社会演变造成的不那么积极的最终影响。借款是如此便宜又省事，除非疯子才会等攒足了钱才去实现自己的梦想。于是，借贷越来越多，就像滚雪球一样。最后，必须将大量债务疏散出美国，直至金字塔游戏坍塌，因为不可能再找到新的借贷人来偿还到期的旧债。

这场危机也许是“非规则化的误解危机”。我们不是说规则（首先是不合适的规则）突然变得没有任何问题，事实恰恰相反。我们想说的是，非规则化不能成为没有制度的同义词。避免过于冗繁而复杂的制度，这固然很好。但是如果取消一切制度，而没有其他程序加以代替，那就至少与不适当的制度一样有问题。没有严格的规章制度，市场不可能运作，而没有规章制度则会使市场消亡。认为市场无须有规则约束的想法是这 30 年来很盛行的幻想，特别是在美国。如今这个国家造成了灾难性的危机。正是因为缺少规则，才使错误和弊病层出不穷，直至世界金融市场完全崩溃。

这场危机也是那种“不会出错心理”的危机。我们应当清楚，在这个世界上，没有任何东西是完美无缺的，也没有任何人会一贯正确。不会出错的观点不属于人类范畴，神仙也未必如此。不会出错的观点是无所作为的根源。只有意识到会犯错误，才会有进步的动力。如果事情已十全十美，已无懈可击，就不会有改进工作的意愿。但总有人认为这一真理不适用于市场及其调节工具。一些人宣称市场是完善的，不可能出问题。另一些人相信市场调节和监督已无可挑剔，必然会产生最佳结果。然而事实证明，无论是市场还是调节工具，都会有过失、出纰漏，两者之中没有一个是尽善尽美的。解决的办法就是在这两者之间找到平衡，因为正是两者之间的失衡导致我们现在面临的问题。

新的意识形态分界线

只根据近几个月的动荡形势就做出意识形态方面的初步结论，这似乎过于大胆，然而这一诱惑使我难以抗拒。此次危机的意义何在？我们构思社会的方式将产生什么影响？它将给政治力量对比留下哪些长远的印迹？新的意识形态的分界线是什么？这一危机可能催生新的时代，这是不容置疑的，但究竟是什么时代？我们是否在见证市场思潮的终结，见证经济自由主义的“滑铁卢”？这一危机是否正在孕育着社会主义的新生？或者至少我们正处于一个难以定性的潮流的开端？现在去找答案已为时不早。正如1989年柏林墙倒塌导致社会主义的衰落一样，2008年将标志新自由主义和极端资本主义的终结，并因此而载入历史的教科书中。新自由主义和极端资本主义是源于同根的两个变种，它们的共同之处是，都笃信市场可以自动调节，因此必须尽可能限制政府的职能。

我们应该老实承认，危机丝毫不能证明政府干预一贯正确，就如同不能证明市场是尽善尽美一样。危机已无数次证明，人无完人，当今世界也不可能设计出一个完美无瑕的制度，任何这样的努力只能暴露自己的无能。计划经济因为由国家管理和控制所有生产资源和方式，结果变成一场噩梦。市场经济由于缺乏任何规则，加之一些经营者执意认为市场自我调节必不可少，结果同样堕入地狱。这些已是昭然若揭的事实。至于中间道路，同样不能认为是真正成功的。那些旨在矫正和控制市场的调节往往收效不大或者完全徒劳，当前危机提供了无可辩驳的证明。

今天，政治界人士应尝试解释，为什么会这样？所有这些不幸的原因何在？我的回答很简单：市场已全球化，政治领域却丝毫没有全球化。只要美国仍然是我们政治思想的指导框架，那么他们的行动将与经济现实形成尖锐的对立。可以说，当前这场危机也是民族国家思想的危机，这一思想已完全被经济现实所超越。我们只有把国家框架搁置下来，才可能重新找到必要的平衡。我们必须努力使民主和经济重新使用同一语言并在同一空间内运作。唯有一个全球性的框架才能使我们证明，这一平衡是能够保持并运作的。

专有词汇

举债收购（Acquisition par emprunt）

英文也称LBO，leveraged buyout。这是一种投资方式，指主要通过借贷款来收购一个企业，然后由被出售的企业自己还款。企业股票成为投资者获得贷款的担保，因此投资者可通过注入最少量的自主基金（Fonds propre）即可获得企业。这样做的弊病是被收购的企业会背负很重的债务。风险资本公司经常使用“举债收购”方法来收购企业，之后对企业进行彻底改组，并经常会出让企业的一些部分来偿还借贷和债券，从而获得利润。

防守股票（ Actions defensive ）

这种股票与周期股票相比，对行情动荡不那么敏感，主要指食品或农业食品工业，或是公共服务产业领域经营企业的股票。

评估机构（Agences de notation）

对投资产品证券质量进行评估的贷款评估机构。获得该机构评估高分的证券，称为3A股。这种股受众多投资者和银行的欢迎，希望买入它们的证券。世界评估市场总体上掌控在三家评估机构手中，其中两家是美国机构：标准普尔公司和穆迪公司（Standard，poor's et Moody's），一家是欧洲机构：惠誉公司（Fitch Ratings）。

北美自由贸易协定（ALEFA）

指美国、加拿大和墨西哥三国间的自由贸易协定。于1992年12月分别在华盛顿、墨西哥城和渥太华签署。1994年1月开始实施。贸易区人口总4.45亿。2007年国内生产总值达15.857万亿美元。

东南亚国家联盟（ANASE）

东南亚10国之间合作组织。旨在发展10国之间的社会、经济、文化、政治等。成员国是：印度尼西亚、马来西亚、菲律宾、泰国、新加坡（前五国为创始国）、越南、文莱、柬埔寨、缅甸和老挝。联盟人口共5.66亿。2007年国内生产总值达3.115万亿美元。

套利（Arbitrage）

同时买进或卖出金融证券（如股票、债券、期权或外汇），旨在获取买卖价差之间的利润。

贸易平衡状况（Balance commerciale）

贸易平衡状况显示一国对外出口的净数额，即从出口商品价值中减去进口商品价值，得出盈或负的数字。如果一国进口多于出口，表明这一国家的生活超出其实际支付能力，因为其消费高于生产，为支付商品超额部分，必须向其他国家借款。英语称之为 Current account

或 CA。

收支平衡（Balance des paiements）

一国的收支平衡反映该国与世界其他国家在确定的时期内（通常为 1 年）进行的所有交易价值的全貌。英语为 Balance of payments account 或 BOP。

世界银行（Banque mondiale）

与国际货币基金组织一样，世界银行在布雷顿森林协议签署一年后于 1945 年成立。该机构负责第二次世界大战后的欧洲重建工作。第一笔贷款贷给法国，达 250 亿美元。目前世界银行的主要任务是，支持发展中国家各领域的发展，如教育、卫生、农业、基础建设、生活环境和行政管理组织。世界银行向最贫困国家提供优惠贷款和捐赠，这些贷款发放条件与申请贷款国家在相关经济领域的政治改革挂钩。与国际货币基金组织一样，世界银行拥有 185 个会员国。

基准点（Benchmark）

可以用来比较服务的标准点。

良好行为（Bonne pratique）

对已有的实践进行比较，把能取得最佳效果的做法作为榜样。这一方法并非照搬理论模式，而是在他人实践经验的基础上取得尽可能好的结果。

红利（Bonus）

主要指银行和其他金融机构给予领导干部固定工资以外的不固定报酬。红利的水平根据银行或机构营业额、利润和证券发展情况而定。据我们所知，最高额是2007年年底发给美国商业银行高盛集团（Goldman Sach）的一位领导干部的，除付其工资约60万美元外，发给他的红利达6700万美元（2600万现金、4110万期权票和股票）。

布雷顿森林（Bretton Woods）

这是美国新罕布什尔州（New Hampshire）一个小城。1944年，在联合国成立之前，44个国家在此建立了管理国际金融业的世界金融体制基础，签订的协议导致后来成立国际货币基金组织和世界银行。这两个机构成为战后世界经济发展方面的货币和金融框架。

《第11章》（Chapitre 11）

美国破产法的第11章规定，在某些条件下，可向濒临破产的企业提供一种可能性，使其能在债权人面前自我防卫。当一个企业已无能力偿还债务时，该企业可选择诉求“第11章”或“第7章”。“第11章”规定，困难企业可在联邦法庭保护下进行必要调整。而“第7章”会导致企业立即清偿债务。法庭可在“第11章”框架内，视情允许企业拒绝或解除某些合同，认购新的贷款，或保护企业免遭其他民事诉讼。

资本（Capitalisation）

指一个企业的股权资本价值，也指企业所有资产、自有资金与债务的构成以及自有资金的确切构成情况。换言之，指投资资本、支付资本以及可能储蓄规模的数额。

股市资本（Capitalisation boursière）

股市价值或证券价值的同义词，通常是根据企业按照股市发放的股票数量计算。

开放性协调（Coordination ouverte）

欧盟在里斯本进程框架内使用的一种非强制性立法形式。目的是：在那些欧盟没有任何权限、或与成员国分享权限、或只能采取支持性措施的领域，确立指导方针和共同目标，制订“良好行为”的指标。

巴塞尔委员会（Comitéde Bale）

由10国集团成员国以及卢森堡的监督员组成的银行监督委员会。委员会签署的协定（1988年签署的第一个巴塞尔协定和2007年签署的第二个巴塞尔协定）主要涉及自有基金、银行业的运作与监督方面的指导方针。许多西方国家将这些指导方针纳入了本国法律。

同行监管（Contrôle par les pairs）

指一种集体监测方式，根据这一方法，由个人、组织或国家对其他个人、组织或国家的同行业服务进行跟踪观察。

股市价格（Cours de bourse）

股票市场、债券市场、期权市场或其他有价证券市场在特定时间内反映供求关系的牌价。

从摇篮到摇篮（Cradle to cradle）

旨在促进商品和产品的可持续发展。确切地讲，即在设计和生产商品和产品时，要确保这些商品和产品在使用过后，能以其他产品形式再次被使用。“从摇篮到摇篮”的概念比简单的回收使用概念更广，是指在反复使用中形成循环。

可疑贷款（Crédits douteux ）

通常是指不太可靠的贷款，其中大部分是“重新包装过的”抵押贷款，其偿还率很低。鉴于可疑贷款往往与其他贷款“混杂”或“重新包装”，因此此类贷款得以在世界各地心地善良的客户中扩散。

双位数增长（Croissance à deux chiffres）

指某一个特定国家的经济增长和发展异常迅速。在正常情况下（即在环境不好不坏的情况下），一个成熟的市场经济年增长为国内生产总值的2%～3%。经济快速增长超过10%的，我们称之为“双位数增长”。

马尔萨斯周期（Cycle malthusien）

马尔萨斯（1766—1834），英国人口学家、经济学家和预测学家。他在人口增长中发现了危险，认为原材料和可利用的土地将来无法支撑人口增长。因此，他认为瘟疫和战争是抑制可能人口过剩的“自然现象”。他还认为，任何一个觉得不能满足其子女需要的人，从人道主义和道德角度来讲，有不要孩子的义务。

积极赤字（Déficit actif）

这是一种经济政策形式，其特点是通过大量支出，向衰弱的经济注入活力。这一政策通常伴随预算赤字积累，因此导致公共债务增加。只要提到经济学家约翰·凯恩斯（John Mamard Keynes），就会说到这一术语。与传统的经济学家相反，这一依然著名的英国经济学家认为，经济不可能总是自行恢复，也不可能总是依靠自己的力量达到新的最佳平衡。因此，在经济衰退时期，政府自己应该通过大量支出和公共投资来刺激需求。

萧条（Dépression）

经济长时间和急剧的萎缩（经济长时间的负增长），导致国内生产总值或消费的年度下降至少10%。最著名的是20世纪30年代的经济大萧条。

金融衍生产品（Dérivés financiers）

期权、期货、短期合同等衍生产品，其中又派生出另一种金融产品，如股份期权、债券期权、外汇期权和指数期权。

杠杆效应（Effet de levier）

这一词语既用于金融衍生产品也用于企业。衍生产品能带来杠杆效应，因为这一产品性质决定其牌价比隐形产品牌价变化大。用百分来表示，衍生产品上扬和下跌比同样用百分比表示的隐形产品高好几倍。涉及企业，杠杆效应是指，当企业有能力吸引外部资金时，该资金的注入增加了自有资金的效益。杠杆指自有资金和所有支出（债务和自有资金）之间存在的比例。

欧元集团（Eurogroupe）

指所有以欧元为共同货币的欧盟成员国。现有 16 国：比利时、卢森堡、荷兰、法国、意大利、德国、西班牙、葡萄牙、奥地利、爱尔兰、希腊、芬兰、塞浦路斯、马耳他、斯洛伐克和斯洛文尼亚。不属于欧元区的有：丹麦、瑞典、英国、爱沙尼亚、匈牙利、拉脱维亚、波兰、捷克、罗马尼亚、保加利亚。

市场价值评估（Evaluation à la valeur de marché）

以市场浮动价格为基础对证券进行评估。

货币注资（Financement monétaire）

亦称“货币创造”，即决定开动印钞机，亦指一国政府决定（通过中央银行）增加货币供应量。

国际货币基金组织（MFI）

根据布雷顿森林协议成立于1944年。当时有45个成员国。主要宗旨是在国际范围内，建立货币与金融合作，以避免再出现经济大萧条，此外具体实现第二次世界大战后的经济复苏。国际货币基金组织通过年度审核，报告成员国的经济状况（第四条款报告），还向外汇出现临时赤字的国家提供外汇贷款。但是该组织最重要的任务是向收支平衡出现困难的成员国贷款，以帮助成员国度过经济困难时期。但成员国必须承诺，在该组织的监督下，采取必要措施（如进行调整、私有化和保持预算平衡等）保证经济复苏。国际货币基金组织现有185个成员国。

主权基金（Fonds souverain）

由国家政府控制的投资基金。2008年，全世界的主权基金总额高达3万亿美元，是投机基金的两倍。其中阿联酋8000亿美元，挪威2500亿，新加波2200亿，中国2000亿。

投机基金（Fonds spéculatifs）

常指基于确定战略的投机基金，以试图限制投资风险。最经常涉及的是那些需要大规模启动资金的倒闭公司，它们通过借款并使用衍生产品从事经营。现在泛指那些主要从事投机的投资基金。

自由浮动（Free float）

英文词，字面意思为“自由浮动”，是指一个企业股份资本的份额可在证券市场上自由谈判交易，而并非掌握在创始人、战略投资者或家族股东手中。这是确定现代股份指数的重要因素。

格拉斯·斯蒂格尔法案（Glass Steagall Act）

1933 年美国制定的将储蓄银行与投资银行分开的法律。储蓄银行在投身（或被允许投身）风险时，必须受到严格的控制，以此换取美国联邦储备委员会的贷款。该法案于 1999 年被中止，以便能够成立“超级银行”。

大萧条（Grande dépression）

历史上指 20 世纪最严重的经济危机。始于美国，后波及全世界。标志这一大萧条开始的日期是 1929 年 10 月 29 日，黑色星期二。这一天，美国股市崩盘，美国中产阶级一下子成为贫困者。在其他国家，由于看不到前景，加之危机严重，致使极端政治思想抬头。尤其是德国，希特勒上台后，将世界带进一场新的恐怖战争。大萧条的确切原因至今一直是经济学家争论的议题。凯恩斯（John Maynard Keynes，1883—1946）认为是当时美国经济被卷入低利率和低投资的恶性螺旋中。弗里德曼（Milton Friedman，1912—2006）则认为是联邦储备委员会将货币发行量维持在过低水平，这是决策上的失误。有关这一理论，有更现代的演绎。美联储现任主席也就是美国央行行长伯南克

（Ben Bernanke，1953—）就持这一观点。他认为，1930 年代还实行金本位制，当时的央行不可能增加货币发行量。奥地利学派则以弗里德里希·冯·哈耶克（Friedrich Von Hayek，1899—1992）为最著名的代表。他支持这样的观点：联邦储备委员会由于其集中主义结构，对市场没有正确判断，而且过分轻易向银行贷款。但是，最为人所接受的是 1920 年代一些不太知名的经济学家所做的解释（之后又得到充实）。这一理论认为，在欧洲经济自 1920 年代中期实现复苏之后，美国的农业和工业就双双面临生产过剩。这一形势不仅引起了高失业，而且造成企业向银行付款困难。最后银行一败涂地。然而美国政府并未干预。此外，1930 年代还没有任何社会保险来帮助求职者。股市崩溃后，工人阶层首先失去购买力，然后波及中产阶级。鉴于许多人是靠借贷来玩股票的，这又致使股市全面崩溃。还有另外一些相关理论，集中提到当时银行体系结构薄弱、国际贸易崩溃、生产力下降、工人工资过低等。总而言之，大萧条是 1920 世纪最糟糕的危机，许多国家只在“二战”之后才真正度过这一困难期。

拉罗西小组（Groupe de Larosière）

专门为欧盟进行金融监督研究并提出建议的高级专家小组。2008 年 10 月由欧盟委员会主席巴罗佐建立，现由雅克·拉罗西领导，目的在于深入研究金融危机，为金融监管提出新的建议。

账外资产（Hors bilan）

指某些资产或债务不出现在企业的资产负债表中，因此也不列入其财务账目中。

股票指数（Indice boursier）

用来评估一个确定的股市牌价水平和牌价变化的指数。关于股票价值，要区分牌价指数和重新投资指数。后者指利润和票息没有被提取，而是重新投资。许多指数还反映债券市场和原材料市场的变化。

道琼斯指数（Indice Dow Jones）

这是世界上最有名的股票指数。其正式名称是道琼斯工业平均指数，或缩写为DJIA。该指数反映纽约（华尔街）股票交易市场30家最重要的股票牌价变化。

金字塔游戏（Jeu de la pyramide）

金字塔游戏是一种可疑的“投资游戏”。一些天真的人被诱惑将钱投入某个基金，因为后者许诺能使他们获得可观利益。游戏一直会延续到能说服后来的人也来这么做。金字塔高层的人由后来的人买单。随着最后一批到来者（处于最低层的人）数量不断增加，第一批到的人所获的利益总是高于他们开始时的投入。直至有一天最后一批人越来越少，基金来源减少直至枯竭。于是金字塔像纸牌城堡一样倒塌，损失却主要由低层人来承担。他们到头来是血本无归。

流动资金（Liquidités）

流动资金是指现金，可直接向银行兑现或活期账目上可用的款项，以及银行拥有的可用于偿还债券的流通手段。在货币市场，是银行在储备方面能够遵守契约的标准。比如，可直接进行交易而无须期待价格方面出现重要变化的票据。

新兴市场（Marchés émergents）

字面上是指正在崛起的市场或有潜力的市场。现在指经济增长迅猛或快速工业化的国家，有时亦称“新兴经济”。世界银行也用来形容处于发达国家与发展中国家之间的一类国家。世界银行现已列出28个“新兴市场”，其中最大的是“金砖四国”（巴西、俄罗斯、印度和中国）。

金融市场（Marchés financiers）

指金融产品买卖交易市场，包括货币和资本市场，还有股票、债券、抵押贷款和期货市场等。

南美洲共同市场（Mercosur）

该组织成立于1991年，起初是一个关税联盟，后成为南美洲共同市场，成员包括巴西、阿根廷、乌拉圭、巴拉圭。2006年增加了委内瑞拉，成为南美共同体。玻利维亚、智利、秘鲁、厄瓜多尔和哥伦比亚为联系国。现有人口共2.5亿，国内生产总值占南美洲75%。

储备/中间货币（Monnaie de réserve/intermédiaire）

当一种货币由政府或央行大量储备（因为被认为安全且容易兑现），被称为“储备货币”，经常是美元（但现在美元储备比过去少）。英语为Vehicle currency。

庞齐拼装游戏（Montage à la Ponsi）

是金字塔游戏的另一种形式。由意大利裔美国人查尔·庞齐发起而得名。在该游戏中，主要通过各种所谓“革命的”但特别不可靠的投资手段来获得很高收益，组织者利用这一手段寻找新的参与者。

金融信息国际标准（NIIF）

包括各项有关金融信息交流的国际统一标准。与过去实行的传统会计标准相比，NIIF 的指导方针更注重财产的市场价格变化，而不是财产本身内在的价值。

马斯特里赫特标准（Normes Maastricht）

出自建立欧洲联盟（继欧洲共同体之后）的马斯特里赫特条约。1993 年在马斯特里赫特城，欧共体成员国决定采用新的货币（即现在的欧元）。为加入这一欧洲货币，每个国家必须遵守一系列严格标准，如控制预算赤字、减少公共债务等。

评估（Notation）

对有关从事证券活动的企业所投放的证券或任何其他产品进行的质量评估。

经济发展与合作组织（OCDE）

成立于 1960 年，由 30 个实行自由市场经济的民主国家组成，包括世界最发达的工业国家。该组织的宗旨是，鼓励经济增长和提高成员国生活水平。其前身是在美国马歇尔计划框架内成立的欧洲经济合作组织（OEOE），该计划旨在恢复第二次世界大战后的欧洲经济。

期权（Option）

指在市场上通过谈判确定的交易权利。获此权利者可在规定时间内，根据有关标的物（如股票、证券）的约定价格，决定是买进还是卖出。

金砖四国（BRIC）

巴西、俄罗斯、印度和中国名称第一个字母组成的缩略语。四国自20世纪末期以来经济发展迅速，而过去一直被认为是发展中国家或处于休眠状态的强国。美国商业银行高盛集团（Goldman sachs）的报告第一个使用BRIC一词。参见“新兴经济”条文。

国内生产总值（PIB）

指国家在一年内所提供产品和服务的总价值。

基准点（Points de base）

100个基准点相当于1%。

卖空（Position baissière）

指投机者出售他并不拥有的股票和其他证券（这一技术亦称空头交易或卖空），投机者希望将来能以更低的价格买进股票，以此从中获利。英语称Short Selling。

衍生产品（Produits dérivés）

亦称衍生物。指金融产品只能伪作其他产品（称作隐形资产）才能存在。衍生产品价格与隐形资产价格变化有关。危机的发展原因之一，就是衍生产品价格与原产品价格出现了反向变化，比如期权、短期合同和期货等。

有毒产品（Produits toxiques）

有毒产品或有毒资产，是人们对造成金融危机的金融产品的总称。这样称呼它们，是因为没有人确切知道其隐形资产是多少。主要指银行不列入资产负债表的复杂衍生产品和结构性产品。大部分有毒产品的隐形资产是那些与其他资产混杂在一起的可疑抵押贷款。

流动资金比率（Ratio de liquidité）

检查一个企业或组织是否有能力偿还金融债券的比率或指数；如果有这一能力的话，可以在多大程度上履行这一能力。

偿债能力比率（Ratio de solvabilité）

反映企业自有资金在其所有负债中的百分比指数或数字。百分比越高，其偿还能力越强。很强的偿还能力不仅可意味其拥有解决将来可能出现的任何金融困难的安全气囊，还可在不发放额外债券的情况下收购其他企业。对金融机构而言，该指数反映的是资本金（能承受可能的沉重打击的减震垫）与所放贷款以及其他风险加权资产之间的比例。偿还能力指数的计算方法是：用资本金除以资产负债表（全部负债表），然后用所得结果乘以100。西方银行的偿还能力指数应该至少达到8%。

衰退（Récession）

经济处于负增长状态。在众多定义中，经济连续两个季度出现负增长，即为经济衰退。

泰勒定律（Règle de Taylor）

有关利率政策方面的定律。由美国经济学家约翰·泰勒提出而得名。其主要目标是尽可能使实际增长与预期增长相吻合。有3种参数：通膨率、自然利率和经济产出。

美国联邦储备委员会（Réserve fédérale américaine）

美国中央银行体系。经常缩写为FED，也称“美联储”。这一体系建立于1913年，是美国货币权力机构。相当于欧元区中央银行。

银行挤兑（Run on the bank）

当传出某个银行出现危机、将不可能兑现债券的消息时，常常引起该银行客户的恐慌，他们围堵在银行窗口争相提取现金，导致银行现金枯竭而无可救药。

信贷违约互换（SD）

SD是Swaps sur défaillance的缩写，通称“信贷违约互换”。它是一种保险合同，投资者用以保护自己免遭债券不能兑现的风险。它的特点是，无须拥有隐形债券来防范兑现风险。它也是一种将风险转嫁给第三者的方法。英文是 CDS，即 Credit default swap。

欧洲中央银行体系（SEBC）

欧洲中央银行体系的缩写。系由欧盟各成员国中央银行加上欧洲中央银行组成的体系，负责行使欧洲金融稳定与货币政策的职能。

特殊目的公司（SFS）

SFS 是 Société à finalité spécifique 的缩写。指为进行某种交易而专门成立的公司。也可称作特设公司（如 Special purpose company 和 Special investment vehicle）。有时由于多种原因，需要成立一个分开的公司来实施某种交易和项目，以便将与此交易和项目相关的风险同企业已有的债务和资产隔开。英文为 Special purpose vehicle—STV。

斯姆特 - 霍利关税法案（Smooth - Hawley Tariff Act）

1930 年 6 月美国法律，对 5000 种商品提高进口关税，达到创纪录水平。

偿还能力（Solvabilité）

可使企业或家庭能够偿还中期或长期贷款的财富。

次贷（Subprime）

次级借款的简称，指向个人发放的带有很大风险的抵押贷款。这种风险来自以往偿还贷款的不良记录或与无力守约等有关特征。尤其是近几年，越来越多的抵押贷款是在发放者未去收集或未能得到借款人偿还能力的确切信息的情况下贷出去的。

中间市场利率（Taux d’ intéret du marchéinterbancaire）

指商业银行之间拆借贷款时采用的利率。危机之前，这种利率与现在情况相反，只比被称为无风险的利率超出几个基准点。

税收正义网络（Tax Justice Network）

系独立组织。总部在伦敦。职能是编写税务体制目录，分析税务体制，分析偷税漏税、税收流失、税率竞争和避税天堂等不良结果。

债务抵押债券（TGC）

Titres garantis par des créances 的缩写。意为由债权保证的证券。这是一种证券化资产，它把多种形式债券汇集在一起，组成新的可转让的金融产品。这些产品的特点是，由隐形资产全部证券产生的流动现金交易分成的不同“层次”。一般分为初、中、高三个层次。一旦证券失利，损失由初级层次持股者承担。若损失大到超出初级层次范围，则由中级层次持股者全部承担。在一段时间之后，若损失继续严重，才会由高级层次持股者来承担。此种结构赋予高级层次 3A 评价，而资产全部证券从整体上评价只有 1A。在此情况下，中级和初级层次只获得大大低于 1A 的评价。英文为 Collatralized debt obligation（CDO）。

资产担保证券（TAA）

Titres adossés à des actifs 的缩写，意指资产担保证券，即由隐形资产证券保证的金融手段（或证券）。所有资产被集中起来，从而使所有证券的收益少受市场浮动的影响。它可以是抵押贷款，但只涉及购车贷款、学习贷款或信用卡账单。资产证券化使这些汇集的原本不能交易的资产证券变成可以交易，并可能被再次出售给投资者（如养老基金、投机基金等）。资产担保证券可让持股人获得隐形资产证券派生的大量现金。一旦商业债券（如企业发放的短期债券）被证券化，我们可称之为资产担保商业证券（ECAA）。英文为 Asset backed securities。

房屋抵押贷款担保债券（TACH）

TACH 是 titres adossés à des créances hypothécaires 的缩写。此系资产担保证券的另一种形式。在此形式下，隐形资产证券由抵押贷款构成。涉及住房贷款的，称为住宅抵押贷款担保债券（TACHR）。涉及商业不动产贷款的，称为商业不动产抵押贷款担保债券（TACHC）。

证券化（Titrisation）

变通融资技术。做法是将银行资产负债表中的不能出售的资产（如抵押贷款、商业贷款、学习贷款、购车贷款、顾客债权等）变成可交易产品。这一做法使企业有额外的可能来增加新鲜资本。

对冲（To hedge）

指一种与价格或投资行情有关的风险保险。持股人可通过购进卖方期权为其股票上“保险”，以预防股票可能的下跌。这一做法使持股人有权以确定的价格出售证券。这意味着卖方期权的价值随证券价格下跌而上升。投股人以此来对冲可能出现的证券价值下跌。

卖空交易（Transaction à la baisse）

对行情上涨或下跌进行投机，据此出售股票或证券，目的是在短期内以低得多的价格回收它们。卖空交易名声不好。是一种为害最烈、投机性最强的无担保销售形式。该形式诱使人们着眼于最短期限，他们甚至不需要成为有关股票的拥有者。（纯属一种明目张胆的、通常是非法的无担保交易形式）。英文为 Short selling。

欧洲货币联盟（Union monétaire européenne）

指欧盟国家经济与货币政策一体化的一个进程。欧洲货币联盟从 1999 年起将成员国货币采取固定汇价，并于 2002 年 1 月起启用欧元。

抛售（Vente à tout prix）

指全面清仓，就像商店在最后几天降价期或在倒闭之前推出的不可思议的折扣那样。同样，证券或股票交易人（银行或其他机构）为加强其自有账户地位，被迫尽快筹集现金。在此情况下，交易人只能将证券以荒诞的价格抛向市场，从而形成不断下坠的恶性循环，使证券价值大大下跌。

裸卖空（Vente non sécuriséee）

见卖空交易条文。英文为 Naked short selling。

波动幅度（Voladilité）

股市浮动性的另一种说法。主要用于期权贸易方面。是决定期权价格的因素。隐形资产浮动越大，期权固定价值上升的风险越高。

参考书目

1.《管理和预防金融危机——瑞典经验的启示》，马丁·安德尔、维奥蒂·斯塔方著，刊载于瑞典中央银行季刊，1999 年 1 月版，第 71—89 页。

2.《危机及其之后》，雅克·阿塔利著，巴黎法雅德出版社 2008 年出版。

3.《胜利与挫折——17 世纪至今的世界经济社会发展史》，保尔·白罗什著，巴黎喀里马出版社 1997 年出版。

4.《何为萧条时期的摩擦》，罗伯特·巴罗著，刊载于 2009 年 3 月 6 日纽约华尔街日报。

5.《现在东欧货币需要帮助》，泽·达瓦斯著，刊载于 2009 年 2 月 23 日纽约华尔街日报。

6.《灵活性已过时，现在要以严守规则为美德》，保尔·德·格罗维著，刊载于 2009 年 2 月 23 日金融时报。

7.《共赢：关于建立共同欧元债券的建议》，保尔·德·格罗维和维姆·莫森著，刊载于 2008 年 11 月比利时鲁汶大学经济研究中心期刊。

8.《银行危机：原因、后果与药方》，保尔·德·格罗维著，刊载于2008年11月比利时鲁汶大学经济研究中心期刊。

9.《欧元区政府应该发行欧元联合债券吗？为什么说可以…》，雅克·德尔普拉著，2009年2月17日出版。

10.《瑞典银行危机：根源与后果》，皮特·英格伦著，刊载于1999年版牛津经济政策杂志第三期第15卷。

11.《关于金融危机解决办法：瑞典的经验》，埃姆雷·欧根戈著，刊载于克莱夫兰德联邦储备银行的政策讨论文件，2007年6月第21期。

12.《信用生命线可以刺激布达佩斯改革》，梯·埃斯克里特著，刊载于2008年10月29日金融时报。

13.《地球是平的——21世纪简史》，托马斯·弗里德曼著，伦敦潘金出版社2006年出版。

14.《政党政策、政治经济和英国贸易保护主义：1919至1932年》，威廉姆斯·喀西德著，刊载于“历史协会日报”1998年1月1日第269期第83卷。

15.《扩大的中层：世界中产阶级的扩展与不平等现象的减少》，萨奇·高德曼著，刊载于2008年7月研究报告。

16.《欧盟稳定债券基金能解救欧洲》，丹尼尔·格罗斯和斯特法诺·米科西著，刊载于2009年的欧洲世界杂志。

17.《戈登·布朗承诺解决英国人的就业问题》，梯·赫尔姆英著，刊载于2008年4月19日《每日电讯报》。

18.《欧洲天然气供应的战略模式》，弗朗西斯科·霍尔茨、克利斯安·冯·海奇豪森、克劳迪亚·康弗特著，刊载于2007年1月19

日能源经济杂志。

19.《银行危机管理回顾》，斯特凡·尹格维斯和戈朗·林德著，刊载于瑞典中央银行季刊，1999 年第一期第 5—18 页。

20.《导致从泡沫到崩溃的机制：日本土地市场案例》，大成泰西和大成道代著，刊载于 2004 年“物理学”杂志第 A344 期，第 138 至 141 页。

21.《经济萧条卷土重来与 2008 年危机》，保尔·克鲁格曼著，伦敦潘古恩出版社 2008 年出版。

22.《何时才能结束金融危机》，弗雷德里克·洛尔顿著，巴黎“行动理由”出版社 2008 年出版。

23.《瑞典银行危机管理的启示》，皮·马纽松著，刊载于 2008 年 9 月 30 日丹麦银行研究报告。

24.《住房援助达 2750 亿美元》，雷·麦克尔著，刊载于 2009 年 2 月 19 日华尔街日报头版。

25.《天塌下来的那一天》，让－玛利·梅歇著，巴黎塞欧伊出版社 2009 年出版。

26.《西方世界的兴起：新经济史》，道格拉斯·诺斯以及罗伯特·托马斯著，剑桥大学纽约出版社 1973 年出版。

27.《郁金香热——对荷兰第一次金融危机的最新研究》，洛德维依克·皮特拉姆著，刊载于阿姆斯特丹 ABG 杂志，2007 年第 63 期。

28.《未来世界——一场史无前例的危机》，马迪欧·皮卡斯和吉尔·芬舍尔斯坦著，巴黎普隆出版社 2009 年出版。

29.《金融危机之后》，卡门·雷英哈特和肯尼特·罗高夫著，刊载于剑桥大学 2009 年 1 月国家经济研究室刊物。

30.《欧元区发行协调的公共债务》，吉奥瓦尼尼小组研究报告，2000 年 11 月 8 日发表于布鲁塞尔。

31.《拉罗西埃小组研究报告》，2009 年 2 月发表于布鲁塞尔。

32.《次优的解决方案》，罗伯特－让·施勒尔著，普林斯顿大学出出版社 2008 年出版。

33.《中国提出强有力的开支计划》，联合协会出版社 2009 年 3 月 5 日出版。

34. 经济学家杂志系列文章：

《一个微妙的平衡》，2009 年 2 月 5 日；

《击败高峰》，2009 年 3 月 5 日；

《东欧的磨难》，2008 年 10 月 23 日；

《第二次运气：泰姆·盖特纳处理美国金融不良因素的新努力》，2009 年 3 月 23 日；

《专题报告：新兴市场的新中产阶级》，2009 年 2 月 12 日；

《可能使欧洲分裂的账单》，2009 年 2 月 26 日；

《麦道夫事件：悄悄走下坡路》，2009 年 3 月 12 日；

《迎面而来的传染》，2009 年 2 月 26 日；

《好事过分》，2009 年 2 月 5 日。

35.《金融市场的新范例——2008 年信贷危机及其意义》，乔治·索罗斯著，伦敦公共事务有限股份公司 2008 年出版。

36.《欧洲为何要建立金融监管》，贝尔纳·斯皮依埃以及诺贝尔·瓦尔特著，刊载于 2009 年“欧洲世界”杂志。

37.《金融危机与政策回应：对走向失误的实证分析》，约翰·泰勒著，刊载于剑桥大学 2009 年 1 月国家经济研究室工作文件。

38.《欧洲应该共同推动》，朱利娅·季莫申科著，刊载于2009年3月9日英国“卫报”。

39.《“伯南克”的测验：伯南克、格林斯潘与中央银行的悲剧》，约翰-冯·奥维特威德著，芝加哥阿嘎特出版社2008年出版。

40.《信贷危机》，威廉姆·维明德著，刊载于2008年阿姆斯特丹世界新闻。

41.《1914至1918年奥匈二元经济体制的崩溃》，克林弗德·沃格林著，刊载于2000年“东欧”季刊杂志。

42.《金融危机开始以来保护主义措施抬头令人担忧，一项研究显示，20国集团中已有17个国家采取贸易限制措施》，摘自2009年3月17日世界银行报告。

图书在版编目（CIP）数据
欧洲如何走出危机 ／（比）伏思达(Verhofstadt,G.) 著 ；关呈远，陈丽瑜译. -- 北京 ：新星出版社，2009.11
ISBN 978-7-80225-768-9
Ⅰ. ①欧… Ⅱ. ①伏… ②关… ③陈… Ⅲ. ①经济危机－研究－欧洲
Ⅳ. ①F150.44
中国版本图书馆CIP数据核字(2009)第200100号

欧洲如何走出危机

[比利时]居伊·伏思达（Guy Verhofstadt） 著
关呈远 陈丽瑜 译
郁序忠 胡祖桢 校

责任编辑：李 曼
责任印制：韦 舰
封面设计：荆棘设计

出版发行：新星出版社
出 版 人：谢 刚
社 址：北京市东城区金宝街67号隆基大厦 100005
网 址：www.newstarpress.com
电 话：010-65270477
传 真：010-65270449
法律顾问：北京市大成律师事务所

读者服务：010-65267400 service@newstarpress.com
邮购地址：北京市东城区金宝街67号隆基大厦 100005

印 刷：河北大厂彩虹印刷有限公司
开 本：660×970 1/16
印 张：11.75
字 数：100
版 次：2010年1月第一版 2010年1月第一次印刷
书 号：ISBN 978-7-80225-768-9
定 价：28.00元